Gerd Scherm · Der Templer und die Katharer

SALIER
VERLAG

Gerd Scherm

Der Templer und die Katharer

Roman

Salier Verlag

ISBN 978-3-96285-012-8

1. Auflage 2019

Einbandentwurf und Illustrationen: Gerd Scherm
Satz & Layout: InDesign im Verlag
Herstellung: Salier Verlag
Printed in the EU

www.salierverlag.de

Inhalt

1. Kapitel:
Montségur – Die Liebe

Wütend spuckte Albrecht über die Reling der *La Bonne Aventure* in das leicht aufgewühlte Wasser. »Simon, warum lassen uns diese Fischköpfe nicht in Marseille anlegen?«

»Weil die Reeder von Marseille Angst vor der Konkurrenz der Templerflotte haben. Deshalb dürfen Ordensschiffe nur zweimal im Jahr Waren anlanden«, antwortete Simon de Tarascon.

Albrecht von Colmberg schüttelte den Kopf. Die große Politik und die Winkelzüge der Kaufleute waren nicht sein Gebiet, er war Tempelritter und sein Feld der Kampf.

Albrecht verließ die Reling und ließ sich neben seinem Kampfgefährten nieder, den Rücken gegen ein Fass gelehnt und den Blick zum Horizont gerichtet.

Albrecht war wohl Mitte zwanzig, kräftig und durchtrainiert wie alle Templer der Kampftruppe. Sein braunes Haar trug er kurzgeschoren, ein struppiger Vollbart »zierte« sein Gesicht. Angespannt sah er nach allen Seiten, doch er konnte nichts Auffälliges bemerken. Die Matrosen gingen ihren gewöhnlichen Tätigkeiten nach und einige Passagiere genossen die warmen Sonnenstrahlen dieses Herbsttages. Es waren Templer wie sie, doch ihre Zeit bei den Kampftruppen war abgelaufen, denn sie waren Krüppel. Für diese Brüder war das »Abenteuer Heiliges Land« zu Ende und jeder von ihnen hatte einen hohen Preis dafür bezahlt. Keiner dieser bedauernswerten Kameraden kehrte heil in die Heimat zurück, denn jedem von ihnen fehlten Gliedmaßen, die er im Kampf gegen die Sarazenen verloren hatte. *Das Haus*, wie der Orden von seinen Angehörigen genannt wurde, ließ sie nicht fallen. Immerhin blieb den Krüppeln eine Zukunft in irgendeiner kleinen Komturei auf dem Land oder ein Verwaltungsposten im *Enclos du Temple*, dem Templerhauptquartier in Paris.

Albrecht hoffte, niemals so elend nach Europa heimkehren zu müssen wie diese Brüder.

»Was ich dich schon lange einmal fragen wollte, Simon, warum bist du eigentlich Templer geworden?«

»Der Grund dafür war mein Vater.«

»Wieso dein Vater? Bist du vor ihm ausgerissen?« Albrecht lachte rau.

Simon lachte ebenfalls. »Nein, mein Bruder, es war für mich vorbestimmt in der Stunde meiner Geburt. Willst du die Geschichte hören?«

»Natürlich! Ich liebe Geschichten. Diese Fahrt ist todlangweilig seit wir Askalon verließen, da höre ich gerne zu. Bis wir Toulon erreichen, dauert es noch zwei Tage. Reicht dir die Zeit?«

»Na, so alt bin ich nun auch wieder nicht! Es war vor ziemlich genau fünfundzwanzig Jahren und es geschah auf einem Fluss, der Ariège, in den okzitanischen Pyrenäen. Mein Vater, Gilbert de Tarascon, war gerade mit meiner Mutter auf dem Heimweg von einem Besuch bei meinem Großvater, dem Grafen von Foix. Damals war er allerdings noch nicht mein Großvater, da ich ja noch nicht geboren war.«

Simon ließ seinen Blick über das gesamte Schiff schweifen. Doch alles auf der *La Bonne Aventure* ging seinen normalen Gang. Die Besatzung tat, was sie tun musste und die anderen Passagiere waren außer Hörweite.

»Bei uns in Okzitanien mit seinen steilen Bergen kommt man am schnellsten auf den Flüssen voran. Deshalb nahmen meine Eltern ein Boot, vor allem, weil meine Mutter hochschwanger war. Schwanger mit mir. Die Nacht war schon hereingebrochen, als ein fürchterliches Gewitter lostobte. Meine Mutter Blanche ängstigte sich fast zu Tode, so gewaltig waren die Donner und deren Echo von den Bergwänden und so furchterregend die Blitze. Selbst mein Vater, ein Ritter, der schon im Heiligen Land gekämpft hatte, fürchtete sich. Solch gewaltige Blitze wie in dieser Nacht hatte er noch nie gesehen. Ohne Zahl zuckten sie über den Himmel, überschnitten sich und bildeten leuchtende Kreuze, bevor sie krachend in die Felsen links und rechts des Flusses einschlugen. Immer wieder löste sich Gestein von den Hängen und stürzte in den Fluss, sodass das Boot wild schaukelte und zu kentern drohte. Da setzten bei meiner Mutter die Wehen ein.«

Simon de Tarascon blickte zu seinem Gefährten und versuchte eine Reaktion in seinem Gesicht zu erkennen. Doch Albert zweifelte nicht an seiner Erzählung und nickte ihm aufmunternd zu: »Fahr fort!«

»Das Boot war nicht sehr groß, ein Flusskahn eben, mit nur drei Mann Besatzung und voll beladen mit Waren, die von Foix nach Tarascon-sur-Ariège transportiert werden sollten. Außer meinen Eltern und einem altersschwachen Hund gab es keine Passagiere. Weder die Besatzung, noch der Hund taugten als Hebamme. Die Männer hatten genug damit zu tun, den schaukelnden Kahn in der Flussmitte, fern der herabstürzenden Steine zu halten, und der Hund hatte sich irgendwo zwischen der Ladung verkrochen. Der Regen prasselte hernieder und binnen kurzem war der Fluss zum reißenden Strom angewachsen. Mein Vater war verzweifelt. In seiner Not betete er so inbrünstig, wie noch nie in seinem Leben. Er gelobte, wenn seine Frau dies überleben würde, so würde er das Kind Gott schenken. Wäre es ein Knabe, so sollte er Ordensritter werden, wäre es ein Mädchen, so sollte das Kloster sein Zuhause sein. Kaum hatte er dieses Gelübde getan, stieß seine Frau einen Schmerzensschrei aus und das Kind war geboren. Wie Du siehst, war es ein Knabe. Das Licht der Welt, das ich erblickte, war nicht die freundliche Sonne, sondern es waren Kreuze aus Blitzen in einer rabenschwarzen Nacht.«

Simon stand auf und ging zur Reling. Anders als in der Nacht seiner Geburt zeigten sich nur wenige Wolken am Himmel, die Fahrt würde weiter ruhig verlaufen.

Albrecht trat neben ihn und legte ihm die Hand auf die Schulter, auf die Stelle, wo auf seinem Gewand das rote Tatzenkreuz der Templer prangte.

»Eine wahrlich beeindruckende Geschichte. Es scheint, als hätte Gott einen ganz besonderen Plan für dich. Vielleicht sollst du eines Tages unser Großmeister werden?«

Albrecht sah Simon tief bewegt an.

* * *

Ylonda beugte sich weit über die Burgmauer. Ein halbes Jahr wurde nun Montségur schon belagert. Ein Heer von etwa zehntausend Mann lagerte seit Mai auf mehreren verschiedenen Höhen unterhalb der Burg im Süden, Westen und Norden. Nur im Osten konnten sich die Feinde unter dem Seneschall von Carcassonne, Hugues des Arcis, nicht einnisten. Dort schützte die Burg eine steile Schlucht, die ein Wildbach in Jahrtausenden gegraben hatte, die rund zweihundertfünfzig Katharer und ebenso viele Söldner, die sie verteidigen sollten.

Ylonda nahm in dem zerklüfteten Gelände im Norden eine Bewegung wahr. Sie versuchte Details zu erkennen. Mehrere Gestalten schlichen dort zwischen den Felsbrocken. Nach wenigen Augenblicken blitzte aus der Gruppe ein Licht auf. Kurz darauf ein zweites und ein drittes. Ylonda seufzte erleichtert.

Es waren die eigenen Leute, die auf geheimen Pfaden zur Burg schlichen und nun mit einem Spiegel Signale gaben, damit sie nicht versehentlich mit Pfeilen beschossen wurden.

Die schlanke, junge Frau eilte über grob behauene Steinstufen ins Dorf, das auf einer etwas tiefer gelegenen Terrasse direkt unterhalb der Burg im Norden lag. Die Siedlung wurde von einer hohen Palisade aus Holz geschützt, die direkt am Abgrund verlief. Die königlichen Truppen konnten ihre Linien um Montségur niemals völlig schließen, die wild zerklüftete Berglandschaft war der beste Verbündete der Katharer.

Hier im Dorf lebte die Gemeinschaft der *Croyants*, der »Gläubigen«, und der *Parfaits*, der »Vollkommenen«. Oben in der Burg hausten die Söldner des Ramon de Perella, die unter dem Kommando von Pierre-Roger de Mirepoix standen. Viele von ihnen hatten ihre Familien mitgebracht, sodass in der Burg ein reges Treiben herrschte. Nur wenn unmittelbare Gefahr im Verzug war, flüchteten auch die Dorfbewohner in die Burg. Dort, im hohen Wohnturm, befand sich die große Halle, in der sich die Katharer unter der Leitung ihres Bischofs Bertrand d'en Marti täglich zum Gebet versammelten.

Im Dorf angekommen, ging Ylonda in eines der kleinen Häuser und zog die Holztüre hinter sich zu. Das Innere war sparsam möbliert, ein Tisch, vier Stühle, zwei Betten, ein Schrank und einige Truhen. Auf einem der Betten lag ein junger Mann.

»Sie kommen, Gilbert!«, sagte Ylonda zu ihrem Bruder. Wie sie war auch er ein *Croyant*, ein »Gläubiger«, aber er strebte nicht danach, das *Consolamentum*, die »Tröstung«, zu erhalten und zum *Parfait*, zum »Vollkommenen«, aufzusteigen.

Die Katharer, die von manchen auch Albigenser genannt wurden, teilten sich in zwei Gruppen: die *Parfaits* und die *Croyants*. Für die *Parfaits* war die Welt das Werk Satans, es galt die Materie zu überwinden. Sexualität war verpönt und jede Geburt war eine Sünde zur Verlängerung des Werkes und der Herrschaft des Antichrist. Sie verzichteten daher auch auf jede Nahrung, die aus einem Zeugungsakt hervorgegangen war. Fleisch, da teuflischen Ursprungs, war ihnen ebenso verboten wie Käse, Eier und Milch. Fische waren dagegen erlaubt, weil man glaubte, dass sie nicht die Frucht einer Zeugung, sondern ein Produkt des Wassers waren.

Doch das größte Tabu der *Parfaits* war: Sie durften unter keinen Umständen töten.

Die *Croyants* dagegen hingen noch mehr an der Welt der Materie, sie durften heiraten oder die freie Liebe pflegen und hatten auch keine Beschränkungen in der Nahrung. Der Preis dafür war, dass sie nicht sofort nach ihrem Tod erlöst wurden, sondern ein weiteres Erdenleben absolvieren mussten.

Ylonda kannte ihren Bruder, er liebte viel zu sehr das gute Essen und die schönen Mädchen, als dass er in diesem Leben zum *Parfait* aufsteigen würde. Und die nächsten zehn sicher auch nicht, dachte Ylonda bei sich.

Während Ylonda noch ihren Gedanken nachhing, schob ihr Bruder zwei schwere Truhen beiseite und öffnete die darunter liegende Falltür.

Die Geschwister spähten in den aus dem Fels gehauenen Gang und schon nach kurzer Zeit sahen sie den Lichtschein einer Laterne. Nach und nach kamen sechs schwer beladene Männer aus dem Untergrund in die Stube und stellten ihre Körbe ab.

»Die Fische sind uns heute fast freiwillig ins Netz geschwommen. Und von den ›*baskischen Hunden*‹ war nichts zu sehen«, sagte Philipp Aronne und meinte damit die Elitetruppe der Belagerer, eine erbarmungslose Einheit aus dem Baskenland.

Obwohl Burg und Dorf seit sechs Monaten eingeschlossen waren, gab es mit dem Nachschub keine Probleme. Das schwierige Gelände machte es unmöglich, die Linien der Belagerer völlig zu schließen. Der zerklüftete Berg bot an etlichen Stellen Zugangsmöglichkeiten, die ein Ortsfremder jedoch nicht erkennen konnte.

Immer wieder hatten vor allem die baskischen Söldner Vorstöße an weniger steilen Hängen unternommen, jedoch ohne Erfolg. Bei der Beschaffenheit des Geländes reichte eine Handvoll Männer, um auch zahlenmäßig überlegenen Angreifern Paroli zu bieten.

So konnten ständig Lebensmittel, Waffen und auch Informationen zu den Belagerten gelangen.

* * *

Die Küstenlinie zeichnete sich in der Ferne am Horizont ab, als Simon schließlich sagte: »Nun habe ich dir so viel aus meinem Leben erzählt, nun bist du dran. Wie bist du eigentlich zu unserem Orden gekommen?«

»Auch bei mir ist letztlich der Vater der Grund gewesen«, antwortete Albrecht. »Der verließ nämlich seine Frau, seine drei unmündigen Töchter und die schöne Burg Colmberg auf der Frankenhöhe, um Friedrich II. auf seinem Kreuzzug zu folgen. Nicht dass er der Burgherr gewesen wäre, aber als Kommandant der Wache war sein Auskommen wohl nicht schlecht. Das Abenteuer und Jerusalem lockten ihn und so kam er nach Akkon ins Heilige Land. Er ist immer ein freier Ritter geblieben und niemals einem Orden beigetreten, weder den Deutschherren, noch den Hospitalitern, noch den Templern. Er hat mir nie erzählt, warum er nicht nach Franken zu seiner Familie zurückgekehrt ist. Vielleicht lag es daran, dass er meine Mutter so sehr liebte. Sie arbeitete als Krankenpflegerin im deutschen Viertel von Akkon, und als mein Vater nach einer Verwundung von ihr gepflegt wurde, blieb er auch nach seiner Genesung bei ihr. Na ja, und dann wurde ich geboren, ein echter Outremer, ein Kind des Heiligen Landes.«

Das Land *outre mer*, über dem Meer, so nannte man die fränkischen Kreuzfahrerstaaten: Das Fürstentum Antiochia, die Grafschaft Edessa, die Grafschaft Tripolis, das Königreich Kleinarmenien und das Juwel der Christenheit, das Königreich Jerusalem, zu dem auch die Hafenstadt Akkon, Albrechts Heimat, gehörte und das seit 1187 Hauptsitz des Templerordens war.

Albrecht fuhr fort: »Was soll ein junger Mann, Sohn

eines fränkischen Ritters, in Outremer schon werden? Ich wuchs zwischen der Templerschanze und dem Hafen, zwischen dem Hospital und dem Verfluchten Turm auf. Glaub mir, Simon, ich kenne jedes Haus und jeden Turm von Akkon. Täglich sah ich die weltlichen und geistlichen Ritter, und schon als Knabe hatte ich den Wunsch, eines Tages den weißen Mantel mit dem roten Tatzenkreuz zu tragen. So kam es dann auch und ich bin stolz darauf.«

Simon nickte, er kannte dieses Gefühl. Sein Vater hatte nie einen Zweifel daran gelassen, dass der Weg seines Sohnes vorbestimmt war. Bereits als Zwölfjähriger diente er als Schildknappe auf der Burg zu Foix, durchlief die harte Schule der Kampfausbildung und empfing von seinem Großvater persönlich den Ritterschlag.

Dann schickte man ihn nach Paris, in den trutzigen Templerbezirk, den *Enclos du Temple*, von hohen Mauern und vielen Privilegien geschützt. Da war Simon de Tarascon gerade einmal siebzehn Jahre alt.

Die Nacht seiner Aufnahme in den »Orden der armen Soldaten Christi und des Tempels Salomos« war unauslöschlich in sein Gedächtnis eingebrannt. Am frühen Abend hatten ihn zwei Tempelritter in eine kleine, abseits gelegene Kapelle geführt. Dort hießen sie ihm, seine Waffen vor dem Altar abzulegen und in sich zu gehen. Das Altartuch zeigte das große rote Tatzenkreuz, auf dem in der Mitte ein Schädel lag.

»Erschreckt nicht vor dem Todeszeichen, denn es ist ein Bild von Euch, wie auch Ihr dereinst sein werdet!«, sagte der eine Ritter und der andere flüsterte: »Verlieret nie die Zuversicht!«

Dann verließen die beiden Templer die Kapelle. Simon kniete nieder, sprach ein kurzes Gebet. Lange verharrte er in dieser Stellung und dachte über sein bisheriges Leben nach.

Nie hatte er gegen den Wunsch seines Vaters aufbegehrt, er war stets auch der seine gewesen: Templer zu werden. Seine Erinnerungen führten Simon durch seine bisherigen Lebensstationen und er freute sich auf das, was nun kommen würde, was immer es auch sein möge.

Er wusste nicht, wie lange er in Gedanken versunken in der Kapelle kniete, als die beiden Ritter zurückkehrten. »Seid Ihr bereit, Simon de Tarascon?«

»Ich bin es!« Simon nahm seine Waffen auf und folgte den beiden in einen dunklen Gang. An einer kleinen Pforte hielten sie an und einer der Ritter klopfte an die Tür.

»Wer klopft?«, erklang eine Stimme von innen. »Der, den Ihr erwartet, ist da!«, antwortete der Ritter, woraufhin sich die Tür öffnete.

Simon schaute in helles Licht. Als sich seine Augen daran gewöhnt hatten, erkannte er, dass er in einer Halle stand und sah auf beiden Seiten lange, vierreihige Kolonnen von Tempelrittern, es mochten wohl mehr als zweihundert gewesen sein. An der Stirnseite der Halle, auf einer erhöhten Fläche, befand sich ein kleiner Tisch, hinter dem ein einzelner Ritter saß.

Seine Begleiter führten Simon durch die Reihen der Ritter zum Altar. Dort angekommen flüsterte ihm der eine ins Ohr: »Kniet nieder.«

Simon war nun schon mehrere Wochen im *Enclos du Temple*, doch dem Ritter hinter dem Tisch war er noch nie begegnet. Obwohl dieser sich nur durch eine schräg über die Brust verlaufende Schärpe von den anderen Rittern unterschied, ging von ihm eine ganz besondere Ausstrahlung aus.

»Ich bin Armand de Périgord. Durch die freie Wahl meiner Brüder stehe ich hier im Osten als Großmeister unseres ehrwürdigen Ordens. Mir obliegt heute die hohe Pflicht, Euch als neuen Ritter und Bruder in unsere Gemeinschaft aufzunehmen. Bevor Ihr Mitglied unserer ehrwürdigen Bruderschaft werden könnt, müsst Ihr mir und den anwesenden Rittern einige Fragen beantworten. Seid aufrichtig zu Euch selbst, um Euch und uns Enttäuschungen zu ersparen. Solltet Ihr in Eurem Entschluss wanken, so steht es Euch frei, diesen Raum zu verlassen. Niemand wird Euch dafür gram sein und es werden Euch keine Nachteile daraus entstehen. Deshalb bitte ich Euch, prüft nochmals Euer Herz.«

Nach einer kurzen Pause, in der absolute Stille herrschte, fragte er: »Seid Ihr bereit?«

»Ja, Sire, ich bin bereit.«

»Sucht Ihr die Gemeinschaft des Templerordens und wollt Ihr an seinen geistlichen und weltlichen Werken teilhaben?«

»Ja, Sire, wenn es Gott gefällt.«

»Ihr verlangt viel und Ihr wisst nicht um die harten Vorschriften, denen der Orden unterworfen ist. Ihr seht uns wohlgewandet und auf schönen Pferden und mit guter Ausrüstung, aber Ihr kennt das strenge Leben des Ordens nicht. Wenn Ihr Euch nämlich auf dieser Seite des Meeres aufzuhalten wünscht, werdet Ihr auf der anderen sein und umgekehrt. Wenn Ihr schlafen wollt, müsst Ihr Euch erheben und aufbrechen, und hungrig bleiben, wenn Ihr lieber gegessen hättet. Ertragt Ihr das, um der Ehre Gottes und des Heiles Eurer Seele willen?«

»Ja, Sire, wenn es Gott gefällt.«

So ging es noch eine Weile weiter. Immer mehr Fährnisse und Pflichten wurden aufgezählt und stets antwortete

Simon: »Ja, Sire, wenn es Gott gefällt.« Dann beendete der Großmeister das Aufnahmeritual mit den Worten: »Geht nun hinaus in die Welt und bewährt Euch als Ritter des Tempels Salomos. Wehret dem Unrecht, wo es sich zeigt. Kehrt niemals der Not den Rücken. Und seid achtsam auf Euch selbst!«

Dann sangen alle versammelten Brüder inbrünstig die Hymne des Ordens, den 115. Psalm, dessen Anfangszeilen auch das Motto der Templer war:

»non nobis Domine non nobis
sed nomini tuo da gloriam …«

»Nicht uns, Herr, nicht uns, sondern Deinem Namen gib Ehre …«

Es hatte im Verlauf des Rituals noch viele Fragen, Regeln und Gebote gegeben. An eines erinnerte sich Simon in seiner jetzigen Situation besonders gut: »Wenn Euch Güter des Tempels anvertraut werden, so schwört, gut darauf zu achten und sie notfalls mit Eurem Leben zu verteidigen!«

Simon tastete nach dem Lederbeutel an seinem Gürtel. Er hoffte, dass er das Objekt darin sicher seiner Bestimmung übergeben konnte. Sein Blick ging hilfesuchend zum Himmel. Doch da war kein Zeichen, nur die Mastspitze mit der Kriegsflagge des Templerordens: Ein rotes Tatzenkreuz auf weißem Grund. Eine Flagge, die auf allen Meeren gefürchtet war.

»Dort ist Toulon!«, rief Albrecht und riss ihn aus seinen Erinnerungen und schweren Gedanken.

* * *

Pierre Amiel, der Erzbischof von Narbonne, tobte mehr als man von einem heiligen Mann normalerweise erwartete. Sein Gegenüber in dem prunkvoll ausgestatteten Zelt war kein Geringerer als Raimond VII., Graf von Toulouse, nominell Oberbefehlshaber der Belagerer von Montségur.

»Eure so genannte Belagerung ist ein Witz! Der Ring hat mehr Löcher als die Fußlappen eines Bettlers! Ihr meint es nicht ernst! Ich warne Euch, Graf, treibt kein falsches Spiel mit mir und dem König!«

»Eine interessante Reihenfolge habt Ihr gewählt, Erzbischof, erst Ihr, dann der König«, Raimond lachte laut.

»Euch wird das Lachen bald vergehen. Ihr seid immer noch ein Abtrünniger. Begreift endlich, Euer Traum von einem unabhängigen Okzitanien ist ausgeträumt. Der Vertrag von Lorris verpflichtet Euch, die Mörder von Avignonnet zu bestrafen und alle Burgen, in denen sich Katharer befinden, unter Belagerung zu stellen!«

Der Erzbischof schlug mit der Faust auf den Tisch mit den Landkarten.

»Ich belagere ja schon ein halbes Jahr, Erzbischof. Ihr könnt nicht verlangen, dass sich meine Ritter und Soldaten in diesen Felsen zu Tode stürzen. Habt Geduld!«

»Ich bleibe dabei, Graf, Ihr treibt immer noch ein falsches Spiel. Doch noch einmal wird Euch unser König, Ludwig IX., nicht begnadigen.«

Mit diesen Worten verließ der Kirchenmann wütend das Zelt.

Raimond seufzte. Er saß wirklich in der Zwickmühle. Dabei hatte es vor eineinhalb Jahren noch ganz anders ausgesehen. Sorgfältig war ein weitreichendes Komplott gesponnen worden, zu dem sogar Heinrich III., König von England und Herzog von Aquitanien, gehörte, und selbst

Kaiser Friedrich II. hatte sich mit ihm verbündet. Und dann war ein Fehler passiert, ein einziger Fehler: Die Revolte brach viel zu früh los.

Schuld waren »seine« Katharer, die er als zusätzliche Trumpfkarte gegen König und Papst ins Spiel hatte bringen wollen.

Im Mai 1242 kamen die beiden gefürchteten Inquisitoren Arnaud Guilhem aus Montpellier und Etienne aus Narbonne mit ihrem Tribunal in den kleinen Ort Avignonnet in seiner Grafschaft Toulouse. Mit viel Personal, vom Gerichtsschreiber bis zu einer kleinen Einheit von Wachsoldaten, logierten sie im Schloss von Avignonnet. Dieses gehörte ihm, Raimond, und es stand unter dem Befehl seines Vogts Ramon d'Alfaro. Der hatte nichts Besseres zu tun, als eine Botschaft an den Kommandanten von Montségur, Pierre-Roger de Mirepoix, zu schicken und ihn von der Anwesenheit der beiden Inquisitoren zu unterrichten. Diese waren für ihren Fanatismus und ihre Grausamkeit bekannt. Fast jeder Bewohner von Montségur hatte einen Verwandten, der von diesen Inquisitoren schon gefoltert oder gar verbrannt worden war. Etwa fünfzig Ritter und andere Bewaffnete hatten sich daraufhin auf den Weg von der Katharerburg nach Avignonnet gemacht und unterwegs vergrößerte sich ihre Schar von Dorf zu Dorf. Überall waren Menschen, die Rache nehmen wollten für die erlittenen Qualen.

Obwohl der Zug unübersehbar war, fand sich keiner, der die Inquisitoren gewarnt hätte. Ramon d'Alfaro selbst empfing die Verschwörer und führte sie in die Burg, direkt zu den Gemächern, wo Bruder Arnaud und seine Kumpane schliefen. Es war ein Massaker. Jeder wollte an der »Reinigung« teilnehmen und alle, bis hin zum letzten Gerichtsdiener, wurden getötet. Die Männer von Montségur hatten sich sofort in ihre Burg zurückgezogen, doch überall in Okzitanien brach in den folgenden Tagen der Aufstand los. Zu früh, viel zu früh, für Raimonds Pläne. Die folgenden Schlachten waren zu schlecht vorbereitet und dann waren ihm auch noch wichtige Verbündete von der Fahne gegangen. Raimond warf seinen Weinbecher gegen die Zeltwand. »Verdammte Eiferer!«, fluchte er. Nun saß er hier am Fuß eines schier unbezwingbaren Berges und musste eine Belagerung durchführen, die gegen seine eigenen Interessen lief. Ihm blieb nur ein Spiel auf Zeit, da hatte der Erzbischof durchaus Recht.

* * *

Gleich nach der Landung am Templer-Pier begaben sich Simon und Albrecht zur Komturei, der Garnison des Ordens, um dort vorstellig zu werden. In jeder Stadt, in der Templer stationiert waren, hatten reisende Tempelritter die Pflicht, sich beim Kommandanten zu melden.

Der Wachhabende führte sie unverzüglich zum Komtur von Toulon, Pierre de Lascoux. Simon und Albrecht nahmen Haltung an, legten die linke Hand auf den Schwertknauf und die rechte aufs Herz. Dann übergab Simon dem Komtur eine versiegelte Pergamentrolle. Drei große Siegel unterstrichen die Bedeutung des Dokuments. Das erste zeigte einen Doppelkopfadler, Symbol des *Couvent*, der Sturmtruppe der Templer, das zweite war das persönliche Siegel des Großmeisters Armand de Périgord und das dritte das Siegel des Templerordens. Es zeigte zwei Ritter auf einem Pferd in den Kampf reitend, Symbol dafür, dass sie immer füreinander einstünden.

Pierre de Lascoux zog die linke Augenbraue hoch, als er die Siegel brach und den Text las. Dann schaute er Simon lange in die Augen.

»Ich gratuliere Euch zu Eurer Aufnahme in das Kapitel von Akkon, Simon de Tarascon. Ihr seid ungewöhnlich jung für diese Würde.«

»Im Heiligen Land bleibt den meisten keine Zeit, alt zu werden, ehrwürdiger Komtur«, antwortete Simon ironisch.

»Ich will nicht lange herumreden, meine jungen Brüder. Mir scheint, der Grund für Eure Reise ist ein anderer, als in diesem Schriftstück steht. *Beurlaubung zur Regelung des väterlichen Nachlasses in Tarascon-sur-Ariège.* Mit Verlaub, ein Templer hat keine Eltern mehr und nur noch eine Heimat: Den Orden! Ohne Euch zu nahe treten zu wollen, Simon de Tarascon, so groß kann der Nachlass Eures verstorbenen Vaters, Gott sei seiner Seele gnädig, nun auch wieder nicht sein, dass ein Kapitelmitglied aus Akkon anreisen müsste, noch dazu in Begleitung eines zweiten Ritters. Ich bitte Euch, seid offen zu mir, meine Brüder. Hier im Süden ist die Hölle los. Schlachten werden geschlagen, Burgen belagert, Menschen auf Scheiterhaufen verbrannt. Bisher konnten wir unseren Orden aus allem heraushalten. Ich möchte nicht, dass etwas geschieht, das dies ändern würde! Euer Tarascon-sur-Ariège ist verdammt nahe an Montségur.«

Simon hatte Verständnis für den Mann. Immerhin war er für dreihundert Ritter seiner Komturei verantwortlich und er sorgte sich auch um die anderen Brüder im Süden Frankreichs und in Okzitanien.

»Ehrwürdiger Komtur, unser Großmeister Armand de Périgord persönlich schickt uns. Zweifelt Ihr an seinen Absichten?«

»Ich zweifle daran, dass der alte Fuchs in einem Stück Pergament niederschreibt, was er wirklich vorhat.«

Er hielt inne und warf einen scharfen Blick auf Simons rechte Hüfte. »Euer Ordensgewand scheint mir nicht ganz vorschriftsmäßig zu sein, Bruder Simon! Oder gehört dieser Beutel jetzt zur Ausrüstung der Templer im Heiligen Land?«

»Es befindet sich darin ein Gut, das mir unser ehrwürdigster Großmeister anvertraut hat. Was es ist, wissen nur der Absender, der Bote und der Empfänger. Selbst mein Freund und Bruder Albrecht hat den Inhalt nie gesehen.«

Simons grüne Augen funkelten nun in aufkeimender Wut. Der Komtur sollte gefälligst seine Pflicht tun und ihnen ein Boot nach Narbonne beschaffen. Ansonsten sollte er sie ohne weitere Fragen in Ruhe ziehen lassen.

»Eine geheime Ordensangelegenheit, ich verstehe«, sagte der Komtur gedehnt. »Gut, dann will ich nicht weiter in Euch dringen. Mir geht es nur darum, dass keine Gefahr für den Orden besteht. Ich denke nicht, dass uns ein Lederbeutel Schwierigkeiten bereiten wird. Wie kann ich Euch helfen?«

Simon erklärte dem Komtur, was sie benötigten, und dieser versprach, alles umgehend zur Verfügung zu stellen. Das Angebot einer Eskorte von Tempelrittern lehnte Simon ab, er wollte kein Aufsehen erregen, ganz im Gegenteil. Sie ließen sogar ihre Templerkleidung in der Komturei zurück und gewandeten sich als weltliche Ritter. Selbst ihre Bärte rasierten sie ab. Nur von ihren Waffen trennten sie sich nicht. Nach einer erholsamen Nacht brachen Simon und Albrecht mit einem kleinen Küstensegler nach Narbonne auf.

* * *

Ylonda erwachte vom Kampflärm. War die Burg gefallen? Die junge Frau rieb sich den Schlaf aus den Augen und sah hinüber zum anderen Bett, wo ihr Bruder ebenfalls hochgeschreckt war.

»Sie greifen an! Lass uns nachsehen, was vor sich geht.«

Sie warfen sich wollene Umhänge über ihre Leinengewänder und Gilbert holte unter seinem Bett ein Schwert hervor.

»Du hast ein Schwert?«, fragte Ylonda erstaunt.

»Ja! Und ich habe auch gelernt, damit umzugehen.«

»Bruder, du sollst nicht töten! Es ist uns verboten, zum Schwert zu greifen.«

»Und wenn ich zur Strafe noch hundert Leben auf dieser Welt leben müsste, ich lasse mich nicht ohne Gegenwehr abschlachten!«

»Die das Schwert ergreifen, werden durch das Schwert umkommen«, ermahnte Ylonda besorgt.

»Und wenn schon! Wir werden sowieso umkommen. Mir ist es egal, ob es heute geschieht oder in ein paar Monaten. Lass uns gehen und nachsehen, was draußen vor sich geht.«

Gilbert zog seinen Umhang fester an sich und verbarg sein Schwert darunter, damit es die anderen *Croyants* nicht sehen konnten.

Wie immer, wenn Gefahr drohte, flohen die Bewohner des Terrassendorfs in das Burginnere. An den wenigen schmalen Zugängen gab es großes Gedränge, doch endlich gelang es auch Ylonda und Gilbert sich in den Burghof zu zwängen.

»Wo greift der Feind an?«, wollte Gilbert wissen.

»Am Südhang!«, rief ihm einer der Soldaten zu und eilte in diese Richtung. Gilbert schloss sich ihm an. An der Mauer angekommen, beugte er sich über die Brüstung. Im Berg hing noch der Morgennebel, der jetzt im November besonders hartnäckig war. Nur schemenhaft konnte man ab und zu Bewegungen erkennen, unmöglich, Freund und Feind zu unterscheiden. Umso deutlicher hörten sie das Waffengeklirr und die Schreie von Verwundeten.

»Wenn die Verteidiger zur Burg flüchten, ziehen sie die Feinde mit«, sagte Gilbert besorgt.

»Sie werden nicht flüchten«, antwortete der Soldat und seine Stimme klang ebenso hart wie bitter.

Obwohl die Männer von Pierre-Roger de Mirepoix Söldner waren, mangelte es ihnen nicht an Loyalität. Sie würden eher sterben, als die Burg preisgeben.

Nach und nach verebbte der Kampflärm, erkennen konnte man immer noch nichts. Beruhigend war lediglich die Tatsache, dass es direkt unterhalb der Mauern still blieb. Wäre der Feind bis hierher vorgedrungen, würde dieser Leitern anlegen, um nach oben zu gelangen.

Die Sonne stand schon fast im Zenit, als die Sicht besser wurde. Pierre-Roger de Mirepoix verschaffte sich einen Überblick über das Geschehen. Ungefähr fünfhundert Meter unterhalb der Burg hatte sich ein Trupp baskischer Söldner eingenistet. Dort waren bis zur vergangenen Nacht noch zehn seiner Männer postiert gewesen, von denen nun nichts mehr zu sehen war. Er ging davon aus, dass die Basken sie getötet und in die Schlucht geworfen hatten.

Bischof Bertrand d'en Marti bat die Katharer, sich in der großen Halle des Wohnturms zu versammeln. Er war kein Bischof im katholischen Sinn, nie hatte er irgendeine päpstlich legitimierte Weihe erhalten. Aber er war ihr Hirte und ihr geistlicher Führer, deshalb nannten sie ihn Bischof. Die Halle war gut gefüllt. Fünf Schlitzfenster ließen spärliches Tageslicht in den Raum und auf Kerzen hatte man auf Grund der Belagerung verzichtet. Man musste an allem sparen. An der Stirnseite stand ein kleiner Altar, dahinter kein Kreuz, sondern ein Pentagramm, ein fünfzackiger Stern. Vor dem Altar versammelten sich die *Parfaits*, die *Croyants* hielten gebührenden Abstand zu den »Vollkommenen«.

Ylonda blickte sich um. Sie stellte fest, dass außer den Katharern auch einige der Soldaten und deren Frauen der Versammlung beiwohnten. Hier war jeder willkommen.

Bischof Bertrand d'en Marti erhob seine Stimme: »Liebe Gemeinde, wir haben uns hier versammelt, um drei *Croyants*, die wir für würdig befinden, das *Consolamentum* zu spenden. Schwester Adeline, Bruder Balduin und Bruder Hugo, tretet vor den Altar!«

Ylonda wurde ein wenig unruhig. Gerne hätte auch sie dort vorn gestanden, um die »Tröstung« zu empfangen. Doch sie wusste, dass sie noch nicht reif für diesen entscheidenden Schritt war.

Die Katharer kannten kein anderes Sakrament außer dem *Consolamentum*. Weder Taufe noch Eheschließung gehörten zu ihren Ritualen. Die Ehe war für die Katharer nicht eine Sache des Priesters, sondern des jeweiligen Paares. Es verheiratete sich quasi selbst, in eigener Verantwortlichkeit. Der Priester war lediglich für die Gemeinde der Zeuge, der von der neuen Verbindung Kenntnis nahm.

Der Bischof kam nun zum Höhepunkt des Rituals.

»Ich frage euch, wollt ihr euch Gott und dem Evangelium unterwerfen?«

Die Knienden antworteten gleichzeitig, »Ich will es!«

»Versprecht nun, euch in Zukunft jeder verbotenen Nahrung zu enthalten.«

»Ich verspreche es«, kam es wie aus einem Mund.

»Versprecht weiterhin, euch nicht mehr den Werken des Fleisches auszuliefern.«

»Ich verspreche es.«

»Versprecht weiterhin, dass ihr nie mehr lügen und unter keinen Umständen einen Eid schwören werdet.«

»Ich verspreche es.«

»Als letztes und höchstes Versprechen gelobt, dass ihr die Gemeinschaft der Katharer nie mehr verlassen werdet, auch nicht aus Angst vor dem Tod durch Feuer, Wasser oder anderem.«

»Ich verspreche es.«

»Da ihr dies alles versprochen habt, sprecht mit mir das Vaterunser, das nur die *Parfaits* beten dürfen, weil es an die Engel gerichtet ist, die vor dem Thron Gottes stehen, um es an IHN weiterzugeben.«

Die drei Kandidaten sprachen gemeinsam das Gebet und Ylonda vermeinte ein Zittern in ihren Stimmen zu vernehmen.

Nachdem die drei geendet hatten, berührte sie der Bischof nacheinander mit einer Hand und einer Schrift des Evangeliums am Kopf und gab ihnen dann den Bruderkuss.

Das war für die Versammelten das Zeichen, sich auf den Boden zu legen und so die neuen *Parfaits* ehrerbietig zu begrüßen.

Schweigend verließen die Menschen die Halle und immer noch schweigend begaben sich Ylonda und Gilbert zurück ins Dorf. Ylonda richtete einen verstohlenen Blick auf ihren Bruder. Was mochte er wohl über dieses Ritual denken? Sie wusste im Grunde ihres Herzens, dass Gilbert sich nur ihretwegen den Katharern angeschlossen hatte, weil er sie beschützen wollte, wo immer sie hinging.

* * *

Simon und Albrecht machten in Limoux, ungefähr vierzig Kilometer von Montségur und fünfzig von Tarascon-sur-Ariège entfernt, Station. In dem Ort gab es zwar keine Komturei, doch unterhielten die Templer ein kleines Haus, das in erster Linie dem Handel und der Rekrutierung neuer Ritter diente.

Laut klopfte Albrecht an die zweiflügelige Tür, über der ein in Stein gehauenes Tatzenkreuz prangte. Eine kleine Klappe in Augenhöhe öffnete sich und dahinter erschien das Gesicht eines älteren Mannes. »Was ist Euer Begehr?«

Simon antwortete: »Unter freiem Himmel wanderten wir, das Sternenzelt war unser Dach. Die Nacht umgab uns, bis wir an Eure Pforte klopften.«

Sofort ging die Tür auf und der Mann dahinter strahlte übers ganze Gesicht: »Tretet ein meine Brüder, seid willkommen in Limoux!«

Er musterte die beiden Ritter und die Verwunderung in seinem Gesicht ob ihrer weltlichen Kleidung war nicht zu übersehen.

Simon beschloss, dies vorerst zu ignorieren und stellte sich vor: »Wir sind Albrecht von Colmberg und Simon de Tarascon. Wir gehören zur Komturei der Heiligen Stadt und sind im Auftrag unseres ehrwürdigsten Großmeisters unterwegs.«

»Ich bin Sergeant Fulk. Wir sind eine sehr kleine Einheit hier, nur vier Ritter und ich. Aber wir werden Euch mit allem versorgen, was Ihr braucht.«

»Habt Dank. Bitte führt mich zu Eurem Kommandeur«, bat Simon.

Fulk nickte und winkte ihnen, ihm zu folgen. Über eine steile Stiege gelangten sie in den ersten Stock. Der Sergeant klopfte an einer dunklen Tür und öffnete sie, ohne eine Antwort abzuwarten. Zögernd folgten ihm Simon und Albrecht.

Hinter einem großen, mit Papieren überhäuften Tisch saß ein kahlköpfiger Mann mit grauem Vollbart. Simon studierte die Gesichtszüge, die ihm vertraut vorkamen, doch die Erinnerung wollte sich nicht einstellen.

Fulk stellte sie vor: »Unsere Brüder Simon de Tarascon und Albrecht von Colmberg, unterwegs in einer Mission unseres ehrwürdigsten Großmeisters Armand de Périgord.«

Der Mann hinter dem Tisch erhob sich und reichte ihnen die Hand: »Willkommen, meine Brüder. Nehmt Platz! Ich bin Bernard de Preixan, der Kommandeur dieser kleinen Station.«

Simon und Albrecht machten es sich auf zwei Stühlen bequem. Durch die beiden Fenster fiel weiches Nachmittagslicht in den Raum.

»Simon de Tarascon?« Bernard de Preixan richtete die Frage mehr an sich selbst, als an Simon. Dann hellte sich sein Gesicht auf.

»30. Oktober anno domini 1242? Die Nacht von Nablus? Ihr seid es!«

Simon erinnerte sich. Er erinnerte sich gut und schmerzlich. Dieser Tag war der schwärzeste in seinem bisherigen Leben. Daran war weniger seine Verwundung schuld, als die Vorgänge in Nablus, die alles erschütterten, was ihm bis dahin Halt und Sinn gegeben hatte.

Das Leben in Outremer war ein immerwährender

Kampf. Ständig waren die Ordensritter, ob Templer, Hospitaliter oder Deutschherren, gefordert. Es waren nicht nur die großen Schlachten, in denen ihnen Könige und Fürsten voranzogen, es waren vor allem die kleinen, aber dafür häufigen Scharmützel, die immer wieder Blutzoll forderten. Ereignisse, von denen man in Europa keine Notiz nahm, die für die fränkischen Staaten aber Alltag waren. Eines dieser Ereignisse fand am 30. Oktober 1242 statt und er, Simon, war dabei.

Der Muselman An-Nasir von Kerak hatte Truppen ausgeschickt, die Jerusalem zum Süden hin abschnitten und die von den durchziehenden Pilgern und Kaufleuten Wegegeld erhoben. Daraufhin zogen ein großes Kontingent von Templern aus Jaffa und ungefähr hundert Ritter aus Akkon nach Nablus. Seit dem Verrat von Jaffa im Jahr 1229 gehörte der Ort nicht mehr zum Königreich Jerusalem, sondern zum Seldschuken-Sultanat. Der Feldzug war also ein doppelter Rachefeldzug, zum einen für die momentane Blockade, zum anderen für den damaligen Verrat.

Als Simon de Tarascon mit seiner Einheit in der Abenddämmerung Nablus erreichte, sah er schon von weitem Feuer in der Stadt. Die Templer von Jaffa hatten, entgegen der Abmachung auf die Templer von Akkon zu warten, bereits angegriffen und waren in den Ort eingedrungen. Unerbittlich machten sie alles nieder, was sich auf den Straßen bewegte, egal ob Muselman oder Christ, Mann, Weib, Kind oder Greis. Zur Krönung ihres Triumphes zündeten sie die große Moschee an.

Simon ließ seine Truppe vor der Stadtmauer haltmachen und befahl den Männern, hier zu warten. Er selbst ritt mit einem Dutzend Rittern in den Ort.

Die Straßen waren übersät mit Leichen und Verstümmelten. Die wenigsten waren seldschukische Kämpfer. Kopfschüttelnd hielt Simon auf den zentralen Platz zu, der von der brennenden Moschee erleuchtet war. Dort traf er auf mehrere Templer aus Jaffa. Mit einem Schenkeldruck lenkte er sein Pferd zu deren Kommandanten, der wild gestikulierend seinen Männern Anweisungen gab.

»Ich grüße Euch, Bruder! Ich bin Simon de Tarascon, Kommandeur der Einheit aus Akkon.«

»Ich grüße Euch ebenfalls. Ich bin Ulrich von Hohenstein, Komtur von Jaffa.«

»Was, um Himmels Willen ist hier geschehen, ehrwürdiger Komtur?«, fragte Simon entsetzt.

»Ihr seid zu spät. Meine Leute haben bereits ganze Arbeit geleistet. Wir brauchen Eure Hilfe nicht mehr.«

»Was für eine Arbeit haben Eure Leute geleistet? Auf dem Weg hierher sah ich kaum einen erschlagenen Muselmanen, stattdessen aber Weiber, Kinder und Greise. Viele von ihnen trugen ein Kreuz um den Hals.«

»Was geht Euch das an, Simon de Irgendwo? Wir sollten Nablus einnehmen, und das haben wir gemacht. Hinterher fragt keiner nach dem Wie.«

»Ich frage aber!« Simons Zorn wuchs. Er war von Abscheu ergriffen. Was war das für ein Templer?

»Warum lasst Ihr die Christenmenschen dieser Stadt erschlagen?«

»Wären sie echte Christen, würden sie nicht in einer Stadt der Muselmanen leben. Ich habe meinen Männern befohlen, alle zu erschlagen. Gott wird die Seinen erkennen und ins Himmelreich aufnehmen!« Dabei lachte er laut, als hätte er soeben einen Witz erzählt.

Immer noch drangen Hilfeschreie an Simons Ohr. Die Templer von Jaffa hatten ihr grausames Handwerk noch längst nicht vollendet. Mehr und mehr Gebäude steckten sie in Brand, und Simon fragte sich, ob sie nicht nur mordeten und brandschatzten, sondern vielleicht auch plünderten und vergewaltigten, wie man das von den weltlichen Rittern kannte.

»Gebietet Einhalt, Ulrich von Hohenstein, um Eurer unsterblichen Seele willen!«

Der Komtur schüttelte nur den Kopf. »Dies ist mein Feldzug, nicht der Eure. Wir brauchen Euch nicht. Schon gar nicht Eure Belehrungen. Kehrt um und zieht Euch nach Akkon zurück.«

Simon überlegte fieberhaft. Was konnte er tun? Templer gegen Templer kämpfen lassen? Die Ritter aus Jaffa waren ihnen zahlenmäßig dreifach überlegen. Nein, eine offene Konfrontation kam nicht in Frage. Wortlos wendete er sein Pferd und ritt den Weg zurück, den er gekommen war. Seine Männer folgten ihm.

Unmittelbar vor dem Stadttor prasselte plötzlich ein Pfeilhagel auf sie nieder.

Auf dem Dach eines Gebäudes hatten sich einige Seldschuken verschanzt und beschossen sie nun. Ein Pfeil bohrte sich in Simons linken Arm und ein glühender Schmerz durchfuhr ihn. Er trieb sein Pferd an und jagte mit seinen Männern durch den Torbogen aus der Stadt.

Am Nachmittag des nächsten Tages lag Simon im Lazarett der Templer in Jerusalem.

Der Pfeil hatte seinen linken Oberarm fast zur Gänze durchbohrt, den Knochen aber unverletzt gelassen. Es war nicht das erste Mal, dass er verletzt wurde und es würde sicher auch nicht das letzte Mal sein. Mehr als die Verwundung schmerzte ihn aber, was er in Nablus erlebt hatte. Sein Glaube an die Ehre und die Ideale des Templerordens war zutiefst erschüttert. Er schämte sich, die gleiche Rüstung zu tragen wie Ulrich von Hohenstein.

Im Bett neben ihm lag ein Mann, der ihm unbekannt war. Das verwunderte ihn nicht, pflegte man doch im Lazarett von Jerusalem auch Templer anderer Einheiten.

»Wie geht es dir? Hat es dich schlimm erwischt, mein Bruder?«, wollte Simon wissen.

»Nun, ich bin noch am Leben. Ich bin Bernard de Preixan und meine Heimat ist Okzitanien. Dein Akzent verrät mir, dass dies auch deine Heimat ist.«

Bevor Simon etwas sagen konnte, fragte ihn Bernard: »Hast du in Ägypten gekämpft? Ich habe deine Tätowierung gesehen.«

Simon war zu verblüfft, um zu antworten.

Bernard fuhr fort: »Ich war auch dort, in Damietta im Nildelta. Dort habe ich viele solcher Symbole gesehen. Wurdest du gefangen genommen?«

Simon war nie in seinem Leben tätowiert worden und dennoch trug er dieses Symbol auf seinem linken Handrücken. Es war da, solange er sich erinnern konnte. Für seinen Vater und seine Mutter war es eine Bestätigung dafür, dass er in Gottes Dienste treten sollte. Das Symbol waren drei zu einem Dreieck geordnete Punkte. Bis heute konnte er das Symbol nicht einordnen. Er fragte Bernard: »Hast du ein solches Zeichen schon gesehen? In Ägypten?«

»Ja doch. Es gab da eine Gruppe von Kämpfern, die dieses Zeichen trug. Genau an der gleichen Stelle wie du.«

»Ich war nie in Ägypten«, sagte Simon leise. »Ich trage dieses Zeichen von Geburt an.«

Bernard schüttelte den Kopf: »Sachen gibt es!«

Simon erwachte aus seinen Erinnerungen und sah Bernard de Preixan an. Die Gegenwart hatte ihn wieder.

»Ihr seid in die Heimat zurückgekehrt, Bernard de Preixan. Wie ist es Euch ergangen?«, fragte er den Ritter.

»Schlechter als Euch, Bruder. Ich bekam den Wundbrand und sie mussten mir das Bein unter dem Knie abnehmen. Seht!« Mit diesen Worten stand er auf und trat neben den Tisch. Er zog sein Gewand etwas in die Höhe und klopfte auf den nun sichtbar gewordenen Holzstumpf. »Das brachte mir die Versetzung in die Heimat. Man gab mir diese kleine Station, weil ich zum Kämpfen nicht mehr tauge.«

»Es tut mir leid, mein Bruder. Ich hoffe, Eure Schmerzen halten sich in Grenzen.«

»Ein Krüppel zu sein schmerzt immer. Doch reden wir nicht mehr über mich. Wie kann ich Euch helfen, Bruder Simon?«

»Unser ehrwürdigster Großmeister beauftragte mich, einen Gegenstand zur Burg von Foix zu meinem Großvater zu bringen.«

»Zu Eurem Großvater? Der Graf von Foix war Euer Großvater?«

Simon erbleichte: »Wieso war? Ist auch er gestorben wie mein Vater?«

»Tut mir leid, mein Bruder. Ich wusste nicht, dass Ihr ...«, Bernard brach ab.

»Bernard, was ist geschehen? Ich muss es wissen!«

»Euer Vater und Euer Großvater waren Verbündete von Raimond von Toulouse beim Aufstand im vergangenen Jahr. Auf dem Weg zu einem Treffen in Perpignan gerieten sie in einen Hinterhalt und wurden getötet. Keiner weiß bis heute, wer dahinter steckte.«

»Gibt es Vermutungen?«, fragte Simon.

Bernard nickte: »Ja, die gibt es. Man sagt, Euer Onkel Joscelin de Foix und der Seneschall von Carcassonne, Hugues des Arcis, machten gemeinsame Sache. Sie sollen den Überfall organisiert haben. Euer Onkel hat die Sache Okzitaniens und die eigene Familie verraten und ist zum französischen König übergelaufen. Roger, der älteste Sohn und rechtmäßige Erbe Eures Großvaters ist verschwunden, man vermutet, dass auch er ermordet wurde. Nun ist Joscelin der Graf von Foix.«

Der Bruder seiner Mutter hatte Simons Vater und Großvater getötet und vielleicht sogar seinen eigenen Bruder! Welche Ungeheuerlichkeit! Simon versuchte, sich an das Gesicht des Onkels zu erinnern, doch es gelang ihm nicht. Mühsam unterdrückte er seine Wut und sagte unvermittelt zu Bernard: »Mein Bruder, bitte gestattet uns, dass wir uns zurückziehen. Die Reise war ermüdend.«

Bernard, der immer noch neben dem Tisch stand, legte Simon die Hand auf die Schulter. »Ich fühle Euren Schmerz, Simon. Aber ich gebe Euch einen Rat: Lasst nicht die Rache zu Eurem Ratgeber werden. Erinnert Euch an das, was man uns bei unserer Aufnahme in unseren Orden gesagt hat: Überlegt wohl, bevor Ihr Euer Schwert zieht! Aber wenn Ihr es gezogen habt, steckt es erst wieder in die Scheide, wenn die *ganze* Arbeit getan ist!«

Simon nickte dankbar. Fulk holte sie an der Türe ab und geleitete sie in einen karg eingerichteten, aber sauberen Raum mit zwei Pritschen. Aufgewühlt legte er sich nieder. Das, was er bei sich trug, durfte auf keinen Fall in die Hände seines Onkels gelangen. Es war für seinen Großvater bestimmt gewesen, aber niemals für dessen Mörder. Doch wer sollte nun den Gegenstand empfangen? Er wusste es nicht und hoffte auf eine Eingebung.

* * *

Ylonda stand mit Gilbert auf der östlichen Mauer und blickte sorgenvoll nach unten.

In den ersten Dezembertagen hatte eine Gruppe Bewaffneter nachts die Steilhänge im Süden erklommen und sich auf einem felsigen Vorsprung des Berges festgesetzt. Nur ein abtrünniger Katharer konnte ihnen den geheimen Pfad verraten haben. Sie hatten den Gipfelkamm erreicht und die Wachmannschaft des südlichen Vorwerks getötet.

Dann kamen ihnen auch noch die Basken zu Hilfe und gemeinsam stürmten sie das östliche Vorwerk. Trotz heldenhafter Gegenwehr waren die Verteidiger bis auf den letzten Mann niedergemacht worden. Die Vorwerke waren mauerbewehrte Bastionen rund um die Burg, die der Verteidigung dienten. Sie sollten die Angreifer von der eigentlichen Burg fernhalten.

Jetzt bauten die Angreifer eine riesige Steinschleuder auf. Das hölzerne Ungetüm war keine dreißig Meter von den Festungswällen entfernt. Es war nur noch eine Frage der Zeit, bis die Wurfgeschosse ins Innere der Burg fliegen würden. Die junge Frau wandte sich ab. »Gilbert, wir müssen hinunter in das Dorf im nördlichen Tal. Vielleicht erfahren wir dort, ob es noch Hoffnung für uns gibt.«

Schweigend kehrten die Geschwister in ihr kleines Haus im Terrassendorf zurück und schoben die beiden Truhen zur Seite. Sie hüllten sich in schwere Wollumhänge, und bevor sie in den Gang hinunterstiegen, holte Gilbert das Schwert unter seinem Bett hervor. »Du sollst nicht töten«, dachte er. »Aber du sollst auch nicht getötet werden, Ylonda«, fügte er im Geist hinzu.

Nach einer Stunde Weg durch ein Felsenlabyrinth, das

jedem Ortsunkundigen zum Verhängnis geworden wäre, erreichten sie das kleine Dorf am Fuße des Bergs.

Natürlich gab es hier überall Soldaten des Seneschalls, aber das kümmerte sie nicht. Nichts wies darauf hin, dass sie Katharer waren, nichts unterschied sie von den Landleuten um sie herum. Zielsicher begaben sich Ylonda und Gilbert zu einem Haus in der Hauptstraße. Das Schild, das über dem Eingang baumelte, verriet, dass hier ein Sattler wohnte und arbeitete. Forsch klopfte Gilbert an.

»Ihr braucht die Tür nicht einzuschlagen«, schimpfte von innen eine Stimme, »ich komme ja schon!«

Während er die Tür langsam öffnete, schimpfte der ältere Mann weiter. »Ihr klopft wie die Soldaten! Warum erschreckt Ihr mich so?«

»Es tut mir leid«, entschuldigte sich Gilbert.

»Schon gut, was wollt Ihr?« Der Mann schien etwas ungehalten und über ihren Besuch nicht gerade erfreut zu sein. Wortlos ergriff Ylonda die Hand des Alten und legte ihm eine Bleimarke hinein. Ohne hinzusehen, betastete er sie mit den Fingern. Dann sagte er: »Tretet ein, meine Kinder und segnet dieses Haus!«

Seit die Verfolgung der Katharer durch die Inquisition immer schärfer geworden war, benutzten die *Croyants* und *Parfaits* geheime Erkennungszeichen, zu denen auch gegossene Bleimarken mit bestimmten Symbolen gehörten. Sie waren eindeutig und besaßen den Vorteil, dass man sie bei Gefahr schnell wegwerfen konnte.

Der Sattler war auch ein *Croyant*, doch er zog seine häusliche Umgebung dem Leben auf der Burg vor. Die »Ketzer von Montségur« brauchten diese Verbündeten in den Dörfern und Städten. Ohne sie wären sie längst verloren.

»Was kann ich für euch tun, meine Kinder?«

»Wir brauchen vor allem Informationen«, antwortete Gilbert. Die ›*baskischen Hunde*‹ haben das östliche Vorwerk erobert und bauen dort eine Wurfmaschine auf. Die Schlinge zieht sich immer enger um unseren Hals.«

»Was wollt ihr wissen?«, fragte der Alte teilnahmsvoll.

»Bisher dachten wir, Raimond von Toulouse wird nicht bis zum Äußersten gehen. Wir hofften, dass er den Erzbischof von Narbonne und seine Schergen überlistet.«

»Für Raimond zieht sich die Schlinge ebenfalls immer weiter zu. Er hat es nur der Mutter des Königs, Blanche von Kastilien, zu verdanken, dass er nicht Ländereien und Leben verlor«, bemerkte der Sattler.

»Ist denn alle Hoffnung dahin?«, fragte Ylonda.

»Es sieht nicht gut aus, meine Tochter. Man erzählt sich, dass Pierre Amiel, Erzbischof von Narbonne und oberster Leuteschinder, bereits auf einer Wiese am Fuße des Südhangs Holz aufstapeln lässt, das seine Schergen sammeln. Er will uns alle auf dem Scheiterhaufen verbrennen und er scheint sich seines Erfolgs sehr gewiss.«

»Gibt es denn keinen, der uns zu helfen vermag?«

In Ylondas Stimme schwang Verzweiflung.

Der Alte schüttelte traurig den Kopf. »Keiner wagt es mehr, sich auf unsere Seite zu stellen. Häresie ist ein todeswürdiges Verbrechen, mein Kind. Wer sollte es wagen, die Exkommunikation zu riskieren? Allein Raimonds Traum von einem unabhängigen Okzitanien hat uns bisher überleben lassen. Nur Gott allein kann uns jetzt noch helfen.«

Gilbert ballte die Faust. »So darf es nicht enden, nicht so!«

»Wir könnten noch viele Leben retten. Es fragt sich nur, ob sie gerettet werden wollen.« Der Sattler lächelte hintergründig. »So wie ihr heute zu mir gekommen seid, könnten doch noch viele den Berg verlassen. Die Söldner des Erzbischofs würden es gar nicht bemerken, wenn auf der Burg nur noch eine Handvoll Soldaten wäre.«

Gilbert gefiel die Idee: Sich nach und nach unbemerkt aus dem Staub machen und die Inquisitoren eine fast leere Burg belagern lassen. Am Ende könnten sich dann noch die letzten Männer von Pierre-Roger de Mirepoix über die geheimen Pfade absetzen.

»Ich werde Euren Vorschlag weitergeben, guter Freund«, versprach Gilbert. »Und jetzt würde ich mich noch gerne in der Schänke umhören.«

Ylonda lachte hell auf. Gilbert freute sich, denn dieses Lachen vermisste er schon lange. »So, so, zum Umhören willst du in die Schänke! Bist du sicher, dass es nicht wegen des Weins und wegen der Mädchen ist?«, neckte sie ihn.

»Geht nur«, sagte der Alte und gab Ylonda die Bleimarke zurück. »Vielleicht braucht ihr sie noch im Dorf. Doch wartet einen Augenblick!« Mit diesen Worten ging der Sattler zu einem Regal im Dunkel des Raums. Als er zurückkam, gab er ihnen eine lederne Tasche.

»Falls euch jemand fragt, was ihr beim alten Charles wolltet. Man kann ja nie wissen, wer euch beobachtet hat, als ihr mein Haus betreten habt.«

Gilbert nahm die Tasche und hängte sie sich quer über die Brust. Dann verabschiedeten sie sich mit einer herzlichen Umarmung.

Die Schänke lag schräg gegenüber.

Als sie eintraten, beruhigte Gilbert seine Schwester. »Du brauchst dich nicht zu fürchten. Ich bin ja bei dir.«

»Ja, im Moment noch. Aber was dann, wenn in deinen Armen eine Dorfschönheit liegt?« Ylonda versetzte Gilbert einen liebevollen Stoß in die Seite und ihre Augen funkelten den Bruder an.

Es war Mittagszeit und die Schänke war gut besucht. Gilbert ließ prüfend seinen Blick schweifen, doch er entdeckte keine Soldaten. Denen war zwar der Besuch von Wirtshäusern streng verboten, aber viele der Söldner hielten sich nicht daran, vor allem nicht am Abend. Doch jetzt schien die Luft rein zu sein.

Ylonda und Gilbert suchten sich einen Platz, der etwas versteckt im Lokal lag, der ihnen aber dennoch einen Blick auf die Eingangstür gewährte. Im Lauf der letzten Jahre war die Vorsicht ihr Freund geworden.

Die Geschwister löffelten gerade einen herzhaften Eintopf, als Ylonda erschrak. Ihr linker Handrücken, auf dem sich das seltsame Zeichen befand, das sie seit ihrer Geburt hatte, begann sich zu erwärmen. Das war noch nie geschehen. Ängstlich sah sie sich um. »Was ist?«, fragte Gilbert, der die plötzliche Unruhe seiner Schwester bemerkte. »Ich weiß nicht, irgendetwas Seltsames geht vor sich. Die Stelle an meiner Hand, wo sich das Zeichen befindet, wird immer wärmer.«

»Es erwärmt sich? Wie das?«

»Ich weiß es nicht, es ist noch nie geschehen.«

Verunsichert blickte sich Gilbert in der Schänke um. Sein Blick fiel auf zwei fremde Männer, die am anderen Ende des Raumes saßen. Sie waren bestimmt keine Bauern, auch keine Händler. Bei genauerer Betrachtung erkannte er, dass beide Schwerter trugen. Doch Soldaten? Oder fremde Ritter? Langsam aß er weiter, um sich nichts anmerken zu lassen. Aus den Augenwinkeln sah er, dass der eine Fremde nervös um sich blickte.

Auf einmal stand der Mann auf und näherte sich ihrem Tisch. Gilbert umklammerte vorsichtshalber den Schwertgriff unter seinem Umhang.

»Verzeiht, dass ich Euch störe. Ich stamme hier aus der Gegend, war jedoch lange meiner Heimat fern. Vielleicht könnt Ihr mir helfen?«

Der okzitanische Akzent des Mannes war unverkennbar, er war wirklich aus dieser Gegend. Gilbert betrachtete das Gesicht. Es zeigte harte, wenn auch freundliche Züge.

»Nehmt Platz und bittet Euren Freund dazu!«, forderte ihn Gilbert auf.

Der Mann winkte seinen Freund herzu und als beide am Tisch der Geschwister standen, stellte er sich vor: »Dies ist Albrecht von Colmberg und ich bin Simon de Tarascon. Danke, dass wir uns bei Euch niederlassen dürfen.«

»Dies ist meine Schwester Ylonda und ich bin Gilbert.«

Ylondas Zeichen erwärmte sich noch stärker, als Simon ihr gegenüber Platz nahm.

Sie war sehr verunsichert. Wer war dieser Simon de Tarascon?

»Ich bin auf dem Weg nach Hause, nach Tarascon-sur-Ariège«, erklärte Simon. »Mein Vater verstarb vor einiger Zeit und ich selbst war lange unterwegs. Nun muss ich mich um die Hinterlassenschaft kümmern und meiner armen Mutter Trost spenden.«

»Ihr kehrt in unruhigen Zeiten nach Hause zurück, Simon de Tarascon. Auch wir hörten vom Tod Eures Vaters. Er starb wohl zusammen mit Eurem Großvater von Mörderhand. Wollt Ihr nun Eurem Onkel zur Seite stehen?«, fragte Gilbert lauernd.

»Dann wäre ich wohl kein rechter Sohn!«, stieß Simon hervor und brach ab. Er wollte den beiden nicht zu viel verraten. Doch Gilbert verstand auch so und wechselte das Thema. Er deutete auf die Schwerter der beiden. »Ihr seid Ritter, nicht wahr?«

»Ja, wir kommen aus dem Heiligen Land.«

»Ich bin ein geborener Outremer«, warf Albrecht mit hörbarem Stolz ein.

Gilbert pfiff leise, aber hörbar durch die Zähne. »Der letzte Kreuzzug ist schon viele Jahre her. Verzeiht meine Neugier, werte Ritter, aber könnte es sein, dass Ihr zu einem Orden gehört?«

»Ich bitte Euch, mir nicht gram zu sein, junger Mann, aber ich darf Euch nichts enthüllen, was meine Person betrifft. Mein Leben hängt davon ab.«

Während Simon dies sagte, blickte er jedoch nicht Gilbert an, sondern Ylonda. Sie erschien ihm seltsam vertraut. Wenn er sich nur erinnern könnte, wo er ihr schon einmal begegnet war. Vielleicht damals, als Kind, auf der Burg von Tarascon-sur-Ariège? Oder später, auf der Burg seines Großvaters in Foix? Er beschloss, in die Offensive zu gehen.

»Verzeiht, werte Ylonda, ich kann mich des Gefühls nicht erwehren, Euch bereits einmal begegnet zu sein. Könnt Ihr meiner Erinnerung nachhelfen?«

Ylonda errötete. »Mir scheint es genauso, edler Ritter, doch auch ich vermag nicht darauf zu kommen, wo dies geschehen ist.«

Geistesabwesend rieb Simon die Stelle mit dem Zeichen auf seinem Handrücken.

»Was habt Ihr dort, edler Ritter? Eine Verwundung?«. Ylondas Neugier wuchs.

»Warum fragt Ihr?«

»Verzeiht meine Fragen, werter Ritter. Doch seit langer Zeit verfolgt mich immer wieder der gleiche Traum. Darin kommt ein Mann wie Ihr vor. Immer derselbe Mann mit einem Zeichen auf dem Handrücken, das aussieht wie das meine.«

Bei diesen Worten legte sie ihre linke Hand so auf den Tisch, dass eine Art Tätowierung mit drei Punkten sichtbar wurde.

Simon erbleichte. Er sah die gleichen drei Punkte, die er auf dem Handrücken trug.

Der Templer legte seine Hand neben die ihre. Ylonda nickte lächelnd. »Ich habe es geahnt. Ihr seid der Mann aus meinem Traum.«

»Was um Himmels Willen bedeutet das?«, fragte Albrecht.

»Ich weiß nicht, *was* es bedeutet. Ich weiß nur, *dass* es etwas bedeutet«, antwortete Simon kopfschüttelnd. »Und ich will es herausfinden!«

Ylonda nickte zustimmend. »Ich denke, wir sollten uns darüber unterhalten, Simon de Tarascon.«

»Ja. Wo können wir ungestört miteinander sprechen?«, wollte Simon wissen.

»Ihr könntet in das Haus des Sattlers gehen«, schlug Gilbert vor. »Albrecht und ich werden hier auf Euch warten.«

»Einverstanden, mein lieber Bruder. Aber versprich mir, nicht zu viel zu trinken.«

»Ich werde auf ihn aufpassen«, versicherte Albert schmunzelnd.

Ylonda nahm Simon bei der Hand wie einen alten Freund und führte ihn zum Haus des Sattlers. Sanfter als kurz zuvor ihr Bruder klopfte sie an. Der Kopf des Alten erschien im Türspalt und als er Ylonda erkannte, öffnete er und bat die beiden hinein. Nachdem Ylonda Simon de Tarascon vorgestellt hatte, bat sie den Sattler: »Charles, ich müsste mit dem Ritter etwas in Ruhe besprechen. Er ist uns ein Freund und vielleicht bringt er uns Hoffnung.«

»Selbstverständlich! Geht in meine gute Stube, dort seid ihr ungestört.« Er stellte einen Krug mit Wein und zwei Becher auf den Tisch. »Wenn ihr noch etwas wünscht, braucht ihr nur zu rufen.«

Bescheiden zog sich der Sattler zurück.

Nachdem die beiden Platz genommen hatten, bat Ylonda: »Zeigt mir bitte noch einmal Euer Zeichen, Simon.«

Simon verglich die beiden Male. Sie waren identisch.

Ylonda schaute Simon lange in die Augen. »Was wollen uns die Engel damit sagen?«

»Ich weiß es nicht. Aber ich hoffe, wir können es zusammen herausfinden.«

Simon schenkte beiden Wein ein. Dann erhob er seinen Becher: »Auf uns und darauf, dass wir uns gefunden haben!«

Dann erzählte er von den Umständen seiner Geburt auf dem reißenden Fluss, dem Donner und den gekreuzten Blitzen. Er spürte, dass sie es wissen sollte. Und er erzählte ihr von seinen Fieberträumen, in denen er durch fremde Landschaften wanderte, Landschaften, die seine Füße nie betreten hatten und die doch so wirklich waren. Er beschrieb ihr Menschen, die er nie gesehen hatte und denen er doch begegnet war. Und er sprach von einer Frau, in deren Armen er so oft an so vielen Orten gelegen hatte.

Ylonda hörte ihm fasziniert zu. Er weckte etwas in ihr, das schon lange als Ahnung in ihr schlummerte.

Eine tiefe Traurigkeit erfüllte ihn. »Es scheint, als wären wir für einander bestimmt, aber es kann nicht sein. Ich bin ein Ritter des Templerordens und habe Keuschheit gelobt.« Er senkte den Kopf.

»Kein Mensch kann ein Gelöbnis halten, das gegen Gottes Ratschluss ist. Auch ein Templer darf sich nicht über die wundersamen Wege des Herrn hinwegsetzen«, entgegnete Ylonda.

Merkwürdigerweise musste Simon in diesem Augenblick an Ulrich von Hohenstein und seine Ritter denken, an das Massaker von Nablus, mit dem sie seinem Gefühl nach alle Templer entehrt hatten. Sein Eid verlangte, dass er solchen Männern zur Seite stand, sein Leben für das ihre gab. Konnte dies der Wille Gottes sein?

Er wünschte, er könnte jetzt mit Armand de Périgord reden. Der Großmeister war nicht nur sein Oberbefehlshaber, sondern auch sein väterlicher Freund. Er war ein Mann, der die Gewissenskonflikte eines Kriegers kannte. Aber kannte er auch die Konflikte, die eine entbrennende Liebe bereitet?

Nun begann Ylonda von sich zu erzählen, von ihrem Leben unter den Katharern und der Drangsal auf der Burg Montségur, vom absehbaren Ende und der sich abzeichnenden Niederlage.

Simon wusste bereits über die militärische Lage Bescheid. Auf dem Weg zum »Berg der Ketzer« hatte er viele Informationen erhalten. Doch viel brennender als die Belagerung der Burg interessierte ihn eine andere Frage: »Sagt, schöne Ylonda, habt auch Ihr ein Keuschheitsgelübde abgelegt?«

»Ist das eine Frage oder ein unsittlicher Antrag, Ritter Simon?«, fragte Ylonda scherzhaft zurück. Sie fühlte sich wohl und unbeschwert wie schon seit vielen Monaten nicht mehr. »Bei den Katharern leben nur die *Parfaits*, die ›Vollkommenen‹, keusch. Wir *Croyants*, wir einfache ›Gläubige‹, dürfen unsere Liebe leben, wie auch immer wir wollen. Ob verheiratet oder nicht, das kümmert bei uns keinen.«

Das war Simon neu. Er wusste nicht viel über die Katharer, ihren Glauben und ihre Rituale. Er wusste nur, dass man sie der Häresie, der Ketzerei, beschuldigte und dass die Inquisition hinter ihnen her war. Plötzlich unterbrach Simon das Gespräch.

»Ich denke, ich sollte auf die Burg, Ylonda. Glaubt Ihr, dass dies möglich ist?«

»Natürlich. Freunde sind dort immer willkommen. Und wir werden sicher ein Quartier für Euch und Euren Freund finden.«

Auch Simon fühlte sich wohl, wie schon lange nicht mehr. Die Gegenwart der jungen Frau beschwingte ihn und ließ ihm die Zukunft nicht mehr ganz so trostlos erscheinen. Selbst seine Wut und sein Zorn brannten nicht mehr so stark wie vorher. Gemeinsam holten sie Gilbert und Albrecht in der Schänke ab.

Der Weg über den Nordhang hinauf zur Burg war beschwerlich und verwirrend. Simon bewunderte die beiden Geschwister, die sich mit traumwandlerischer Sicherheit in dem Felsenlabyrinth zurechtfanden. Natürlich hatte auch er auf manchen Steinen die eingeritzten Wegzeichen entdeckt, doch konnte er kein System darin erkennen. Immer wenn er dachte, dass er nun wüsste, ob man sich nach rechts oder nach links wenden sollte, kam es anders, als er vermutete. Ylonda bemerkte sein Bemühen und lächelte. »Glaubt Ihr, wir hauen Pfeile in die Felsen, damit jeder Fremde den Weg findet?«

Doch der Weg war nicht die einzige Schwierigkeit. Immer wieder kamen sie in Hörweite an Posten der Belagerer vorbei und mehr als einmal mussten sie innehalten, bevor sie den Aufstieg fortsetzen konnten.

Endlich erreichten sie den unterirdischen Gang und schließlich das Haus von Ylonda im Terrassendorf. Nachdem sie in das Zimmer geklettert waren, schloss Gilbert die Falltüre und schob die beiden Truhen darüber.

Simon sah sich im Raum um. Er war karger eingerichtet als ein Zimmer in einem Bauernhaus, es wirkte aber trotzdem gemütlich.

»Ihr drei wartet bitte hier. Ich informiere inzwischen den Bischof auf der Burg, dass wir Gäste haben«, sagte Ylonda bestimmt und verließ das Haus.

Nach etwa einer halben Stunde kehrte sie zurück. »Bertrand d'en Marti möchte gerne nach dem Abendgebet mit euch reden«, begrüßte sie die Gäste und ihren Bruder. Dann holte sie ein Brot und ein Stück Käse aus einer Kiste und lud sie zu einer Stärkung ein.

Simon ließ Ylonda kaum aus den Augen. Die junge Frau faszinierte ihn über die Maßen. Jede ihrer Bewegungen war ebenso gezielt wie geschmeidig. Sie strahlte trotz der prekären Situation in der belagerten Burg Ruhe und Sicherheit aus. Er musste sich eingestehen, dass er sich mehr als ein bisschen in sie verliebt hatte.

Nach einer Weile verabschiedeten sich Ylonda und Gilbert zum Katharer-Abendgebet. Die beiden Templer warteten in der Zwischenzeit im Haus. Da sie hier keinen regulären Gottesdienst mitfeiern konnten, beteten sie zur Vesper gemäß ihrer Ordensregeln neun Vaterunser.

Simon brannte schon auf die Begegnung mit dem legendären Bischof und unbewusst legte er seine Hand auf den Beutel an seiner Rechten.

Eine einsame Glocke kündete das Ende des Abendgebets und bald darauf kehrten die Geschwister zu ihren Gästen zurück. Umgehend machten sich die vier auf den Weg vom Terrassendorf in die Burg. Gilbert führte sie in die große

Halle und Simon nahm mit Erstaunen wahr, dass hinter dem Altar kein Kruzifix, sondern ein Pentagramm hing. Die Dezembersonne war längst untergegangen und es brannten nur wenige Kerzen in dem großen Raum. Auf der linken Seite, fast in Dunkel gehüllt, führte eine steile Wendeltreppe nach oben. Gilbert ging voraus und die anderen folgten ihm. Sie erreichten einen Saal, ebenso groß wie die Halle darunter. An der Südseite flackerte ein Kaminfeuer und in Simon stieg die Sehnsucht nach der Wärme des Heiligen Landes auf. Ein Kronleuchter mit einem guten Dutzend Kerzen hing über einer großen Tafel. Links und rechts waren Stuhlreihen, wohl zwanzig Leute mochten hier Platz finden. Auf dem einzigen Stuhl am Kopfende vor dem Kamin saß ein weißhaariger, in einen dunklen Umhang gehüllter Mann.

Der Mann erhob sich langsam und ging auf sie zu.

»Willkommen! Ich bin Bertrand d'en Marti und meine Gemeinde nennt mich Bischof, obwohl ich nie die Weihe empfing und längst exkommuniziert bin, wie alle hier.«

»Wir danken Euch für die Audienz, Hochwürden. Ich bin Simon de Tarascon und dies ist mein Freund und Weggefährte Albrecht von Colmberg. Wir sind Ritter des Tempels zu Jerusalem.«

»Nennt mich bitte nicht Hochwürden! Ich bin Bertrand, der Hirte dieser Gemeinde, sonst nichts. Ich bin nicht ihr Herr, sondern ihr erster Diener. Nehmt bitte Platz! Hier am Kamin ist es am angenehmsten.«

Die vier setzten sich, Simon und Albrecht zur Rechten des Bischofs, die Geschwister zur Linken. Simon reichte Bertrand d'en Marti das Schreiben, das er schon dem Komtur von Toulon gezeigt hatte. Aufmerksam las das geistliche Oberhaupt der Katharer die Rolle.

»Tempelritter seid Ihr also. Nun, wir lehnen das Schwert ab, aber ich sehe doch die Notwendigkeit für andere, es ab und an zu ergreifen.«

Der Bischof machte eine Handbewegung, die die ganze Burg zu umfassen schien und Simon wusste, was er damit meinte. Immerhin kämpften auf Montségur rund zweihundertfünfzig Soldaten, um ebenso viele Katharer zu verteidigen.

Bertrand d'en Marti betrachtete eingehend das Ordenssiegel, bevor er die Rolle an Simon zurückgab. »Ein wunderbares Symbol auf Euerem Siegel, die beiden Reiter auf einem Pferd. Nichts kann Eure Gemeinschaft besser ausdrücken. Doch zurück zu Euch, Simon de Tarascon und Euch, Albrecht von Colmberg. Wir gewähren Euch natürlich gerne Gastfreundschaft, so weit dies unter den bedauernswerten Umständen überhaupt möglich ist. Aber was können wir für Euch sonst tun? Euer Großmeister schreibt, dass Ihr in einer Erbschaftsangelegenheit unterwegs seid. Was haben *wir* damit zu schaffen?«.

»Die Sache mit der Erbschaft ist Tarnung«, gestand Simon. »Mein wahrer Auftrag ist ein anderer.«

»Dann heraus mit der Sprache, junger Mann, Ihr macht einen alten Mann neugierig.«

Simon nestelte an dem Beutel an seiner Rechten und zog eine Steinschale heraus, die er auf den Tisch stellte. »Dies ist mein Auftrag!«

Der Bischof, Ylonda, Gilbert und Albrecht sahen fragend auf den Gegenstand und auf Simon. Auch Albrecht kannte bisher den wahren Grund ihrer Reise nicht.

»Eine alte steinerne Trinkschale, Achat würde ich sagen«, mutmaßte der Bischof.

»Dies ist der Becher Christi. Über ihm sprach er die Worte: ›*Dies ist mein Blut.*‹ Dies ist der legendäre Kelch des letzten Abendmahls. Die Minnesänger nennen ihn den Heiligen Gral.«

Ein Laut des Erstaunens ging durch die Runde, dann sagte Albrecht: »Ich habe ihn mir anders vorgestellt. Irgendwie bedeutender, strahlender. Mehr wie ein Pokal. Warum leuchtet er nicht? Warum schwebt er nicht? In den Epen erklingt Musik, wenn der Gral sichtbar wird.«

Auch die anderen schienen enttäuscht, außer Bertrand d'en Marti. Er warf nur einen kurzen Blick auf die Schale, bevor er sich Simon zuwandte.

»Warum schickt Euer Großmeister diesen Gegenstand nach Okzitanien? Wäre er nicht in der Grabeskirche in Jerusalem besser aufgehoben?«, wollte der Bischof wissen.

»Unser ehrwürdigster Großmeister Armand de Périgord ist ein weiser Mann mit viel Erfahrung. Jerusalem wird nicht mehr lange zu halten sein. Die Ayyubiden, die Nachfahren Saladins, strecken schon ihre Hände danach aus. Dazu sind die Kreuzfahrerstaaten untereinander ebenso zerstritten wie Papst und Kaiser. Die Muselmanen in Ägypten sammeln sich, doch was noch schlimmer ist, die Tartaren kommen zurück und sind schon in Armenien eingefallen. Erneut hat sich im Osten der Tartaros, der Höllenschlund, aufgetan und jetzt fallen die teuflischen Völker Gog und Magog über uns her. Wir werden zwischen die Mahlsteine geraten. Deshalb hielt es Armand de Périgord für ratsam, gewisse Dinge in Sicherheit zu bringen. Ich vermute, dass außer mir noch weitere Boten mit anderen Artefakten in ganz Europa unterwegs sind.«

»Der unsicherste Ort in Okzitanien ist derzeit wohl Montségur«, antwortete der Bischof, den Blick immer noch auf die Achatschale gerichtet.

»Verzeiht, ehrwürdiger Mann, aber mein ursprüngliches Ziel war nicht Montségur. Ich sollte den Gral zu meinem Großvater, dem Grafen von Foix bringen. Doch leider fanden in der Zwischenzeit gewisse Ereignisse statt, die den Plan meines ehrwürdigsten Großmeisters undurchführbar machen. Ich gestehe, ich bin selbst ratlos, was nun geschehen soll.«

»Zu welchem Zwecke sollte Euer Großvater den Gral erhalten, Simon de Tarascon?«

»Armand de Périgord dachte nicht nur an die Sicherheit dieser Reliquie. In erster Linie hoffte er wohl, dass mit ihrer Hilfe Okzitanien gestärkt wird. Man nennt zwar den französischen König Ludwig IX. den Heiligen, aber unser Großmeister vertraut ihm nicht. Er glaubt, dass ein unabhängiges Okzitanien besser für das Abendland sei. Der Gral würde sicher die Position Raimonds und seiner Verbündeten stärken.«

»Dieser Traum ist ausgeträumt, junger Freund. Euer Oheim meuchelte Euren Vater und Euren Großvater und lief zu Ludwig über. Damit war der Aufstand endgültig gescheitert.«

»Aber vielleicht kann der Gral Euch retten? Vielleicht ist seine Macht groß genug, um Montségur zu schützen?«, schlug Simon vor.

»Wir *Parfaits* halten nichts von materiellen Dingen, und sei es der Becher Christi. Nur wenn wir uns von der Materie lösen, können wir zu den Engeln aufsteigen und den Kreislauf der Wiedergeburt verlassen. Ein Ding von dieser Welt kann uns nicht erlösen, das können nur wir selber tun.«

Enttäuscht lehnte sich Simon zurück. Damit hatte er nicht gerechnet. Erkannte der alte Mann nicht die Chance, die er ihm bot? Ärger stieg in ihm hoch. Was sollte er überhaupt noch hier? Dann fiel sein Blick auf Ylonda und ihm wurde warm ums Herz. Jetzt wusste er, warum er hier war.

Simon ergriff den Gral und verstaute ihn wieder in seinem Beutel. »Ich werde mir wohl etwas anderes überlegen müssen, Bischof. Ich danke Euch für die Audienz«, sagte er kühl und stand auf. Albrecht tat es ihm gleich.

»Gemach, junger Freund«, beschwichtigte ihn der Bischof. »Ich werde über die Sache nachdenken, vielleicht fällt mir ja noch etwas ein, was mit der Steinschale geschehen soll. Wenn auch alles Materielle mit dem Bösen behaftet ist, so gibt es doch einige Dinge, in denen Gutes steckt.«

Simon bedankte sich und die vier verließen den Saal über die Wendeltreppe. Schweigend kehrten sie in das Haus von Ylonda und Gilbert zurück.

»Ihr hattet Euch mehr erwartet, nicht wahr?«, brach Ylonda als Erste das Schweigen.

»Ja. Ich weiß nicht genau was, aber auf jeden Fall etwas anderes. Etwas mit mehr Hoffnung, mit mehr Zuversicht.«

Simon ließ sich enttäuscht am Tisch nieder und stützte die Ellbogen auf.

»Lasst uns eine Nacht darüber schlafen. Vielleicht sieht morgen alles ganz anders aus«, munterte ihn Ylonda auf.

Simon nickte ihr dankbar zu, er konnte Trost gebrauchen.

»Jetzt bezieht erst einmal Euer Quartier. Gilbert hat sich darum gekümmert, wo ihr unterkommen könnt. Er wird Euch hinführen. Wir sehen uns morgen früh wieder. Ich wünsche Euch eine gute Nacht.«

Simon und Albrecht folgten Gilbert, der mit einer Fackel durch die engen Gassen des nächtlichen Dorfs vorausging. Kaum ein Lichtschein war zu sehen. Nach wenigen Minuten erreichten sie eine Hütte, die direkt an die äußere Palisadenwand angebaut war.

Gilbert zündete eine Kerze an und löschte die Fackel. Die Einrichtung ähnelte der im Haus der Geschwister, sparsam, aber zweckmäßig. Simon und Albrecht bedankten sich und wünschten ihm eine gute Nacht. Dann legten sie sich zum Schlafen nieder.

* * *

Hauptmann Mikel Laboa inspizierte die fertiggestellte Blide, die mächtige Gegengewicht-Steinschleuder, auf dem östlichen Vorwerk. Hohe Palisaden sollten die Bediener vor Pfeilen und Steingeschossen schützen. Laboas Laune war denkbar schlecht. Er kommandierte die baskischen Söldner, die »*Hunde des Krieges*«.

In den acht Monaten der Belagerung hatten bisher nur seine Männer gekämpft. Sie waren es, die verwundet wurden und starben. Alle anderen Truppen des Seneschalls Hugues des Arcis lungerten nur in ihren Lagern herum und verunsicherten die umliegenden Dörfer. Sie griffen öfter zum Weinkrug als zum Schwert. Seine baskische Einheit hatte das südliche Vorwerk eingenommen, seine Einheit hatte das östliche Vorwerk gestürmt. Über sechzig Mann waren dabei umgekommen. Und seit sie diese Stellung hier hielten, war ein weiteres Dutzend unter dem Pfeil- und Steinhagel der Verteidiger gestorben. Alle seine Männer stammten, wie er, aus Euskadi, aus dem Land der Basken im Königreich Navarra. Wehmütig dachte er an seinen Heimatort Irurzun, wo seine Frau mit seinen fünf Kindern auf ihn wartete. Dort war jedoch kein Auskommen für ihn und so war er Söldner geworden, wegen des Hungers, wie alle seine Männer. Inzwischen kümmerte es ihn nicht mehr, wer warum gegen wen kämpfte. Er tat seine Arbeit und der Lohn ernährte seine Familie. Und in Zeiten wie diesen gab es immer Arbeit für ihn und seine Männer.

Mikel Laboa spähte zwischen den Palisaden nach oben zur Mauerkrone. Dort funkelten drei, vier Helme in der Morgensonne. »Wartet nur«, dachte er bei sich, »bald schon schicke ich euch Grüße vom Erzbischof.«

* * *

Am Morgen erschien Gilbert mit einem Frühstück bei Simon und Albrecht. Es waren Krapfen, gefüllt mit Käse, Ei und Speck. »Unsere Hühner lassen sich vom Erzbischof nicht einschüchtern!«, lachte Gilbert. Nachdem sie gegessen hatten, machte er ihnen einen Vorschlag: »Ich will Euch die Burg zeigen. Gestern Abend in der Dunkelheit konntet Ihr ja nichts erkennen.«

Bereitwillig folgten sie dem jungen Katharer.

Zu dritt stiegen sie die groben Steinstufen vom Dorf zur Burg hinauf. An der linken Seite der großen Halle erstreckte sich der gepflasterte Burghof. Um diesen Hof und entlang der Ringmauer befanden sich auf drei Ebenen unterschiedlichste Gebäude. Marktstände, Werkstätten, Waffen- und Vorratslager bildeten ein vielfach über- und ineinander verschachteltes Labyrinth, verbunden durch Leitern und Stiegen.

Drei breite Treppen führten im Norden, Osten und Süden zum Wehrgang, der durch Brustwehr und Zinnenkranz geschützt war.

Viele der Soldaten unter dem Befehl von Pierre-Roger de Mirepoix hatten ihre Familien mitgebracht, sodass auf dem

Burghof ein buntes Treiben herrschte. Die Frauen und Kinder verwischten den Eindruck einer Burg unter feindlicher Belagerung und vermittelten ein fast friedliches Bild. Die massive Besetzung der Wehrgänge sprach jedoch eine andere Sprache. Simon wollte sich einen Überblick verschaffen und bat Gilbert, ihn auf den Wehrgang zu führen. Am Fuß der Treppe versperrte ihnen ein Soldat den Weg, doch als er erkannte, dass Simon und Albrecht Ritter waren, ließ er sie passieren und sie gingen nach oben. Der Blick auf das östliche Vorwerk entsetzte Simon. Eine gewaltige Steinschleuder, gut geschützt von hohen Palisaden, wartete darauf, ihr grausames Werk zu beginnen. Aus seiner Erfahrung mit Belagerungskämpfen konnte Simon die strategisch hervorragende Position der Feinde auf der Bastion richtig einschätzen. Die Entfernung zur Burg war höchstgefährlich, die Bediener der Wurfmaschine gut geschützt und das Gelände versorgte sie mit ausreichend Munition. Der Kommandant der Truppe dort unten war zweifellos ein alter Fuchs, der genau wusste, was er tat.

»Das sieht nicht gut aus, Albrecht. Es ist zwar nur eine einzige Maschine, aber sie ist sehr groß und gefährlich nah.«

Albrecht nickte. Auch er kannte die Auswirkungen eines Bombardements einer solchen Steinschleuder. »Das Dorf und der große Turm sind sicher, aber auf dem Hof würde ich mich in nächster Zeit lieber nicht aufhalten.«

Unbemerkt war ein Mann neben sie getreten. »Gut erkannt. Ihr seid Experten?«

Simon und Albrecht drehten sich um. Der Mann schien um die Vierzig zu sein und seine Kleidung zeugte von einem erlesenen Geschmack. Er trug keinen Helm, aber einen Brustharnisch.

»Gestatten, meine Herren, ich bin Pierre-Roger de Mirepoix, Kommandant der Soldaten, die diese Burg verteidigen sollen. Ich vermute, Ihr seid erst angekommen, denn ich kenne jeden und jede in der Burg.«

»Gestern am späten Nachmittag. Verzeiht, Sire, dass wir uns noch nicht vorgestellt haben. Ich bin Simon de Tarascon und dies ist mein Freund und Weggefährte Albrecht von Colmberg.«

Der Soldatenführer betrachtete Simon und Albrecht genau. Sein Blick für gute Kämpfer war untrüglich. Sein Instinkt sagte ihm, dass diese beiden es gewohnt waren, auf Leben und Tod zu kämpfen. Kein Vergleich mit den Rittern, die auf ihren kleinen Landgütern hausten und dreimal im Jahr bei einem Turnier zu einem Schaukampf antraten. Diese beiden kämpften mit Sicherheit nicht zur Belustigung von Grafen, Hofschranzen und edlen Damen.

»Bitte folgt mir in mein Quartier, ich würde mich gerne mit Euch unterhalten.«

Ohne sich umzudrehen, ging de Mirepoix zur Treppe. Er wusste, die beiden würden ihm folgen.

Das Quartier des Kommandanten war wie alle Räumlichkeiten hier schlicht und zweckmäßig eingerichtet. Auf dem Tisch lag eine Landkarte. Simon sah, dass de Mirepoix die Lager und Stellungen der Truppen des Erzbischofs rund um die Burg auf der Karte eingezeichnet hatte.

»Nehmt Platz! Wir sind in einer schwierigen Lage. Deshalb würde ich gerne wissen, mit wem ich es zu tun habe. Der Name Tarascon sagt mir zwar etwas, aber nichts Genaues.«

Simon beschloss, dem Kommandanten reinen Wein einzuschenken. Die Situation erlaubte keine Geheimniskrämerei und kein Taktieren.

Als er seinen ausführlichen Bericht beendet hatte, bat de Mirepoix: »Darf ich ihn sehen, den Gral?«

Simon griff zum Beutel an seiner Seite und holte die Achatschale heraus. Wortlos stellte er sie auf den Tisch, auf die Landkarte, genau auf die Stelle, die Montségur markierte.

Ganz langsam streckte der Kommandant seine rechte Hand aus, bis seine Fingerspitzen den Gral sanft berührten. Schnell zog er die Hand zurück und schlug ein Kreuz. »Nehmt ihn, Simon de Tarascon, und bringt ihn fort. Dies ist nicht der rechte Ort für den Gral. Ich spüre es.«

Simon verstaute den Becher wieder in seinem Beutel. Weder der Kommandant, noch der Bischof wollten die Reliquie entgegennehmen. Simon war verzweifelt.

»Lasst uns lieber über die Lage hier sprechen«, forderte de Mirepoix sie auf. »Wie ist Eure Einschätzung?«

»Das Katapult ist die schlimmste Bedrohung. Es sieht so aus, als wäre die Maschine bald einsatzbereit. An Eurer Stelle würde ich den Burghof räumen lassen. Die einzige Chance wäre, das Katapult in Brand zu schießen. Zumindest solltet Ihr die Bedienmannschaft mit Pfeilen und Steinen kräftig unter Druck setzen.«

Pierre-Roger de Mirepoix nickte zustimmend. Er erhob sich und betätigte einen Glockenzug, der Simon bisher nicht aufgefallen war. Nach kurzer Zeit betrat ein junger Ritter den Raum. »Jean de Lantar, Enkel der Marquésia de Lantar«, stellte ihn der Kommandant vor.

Die beiden Templer erhoben sich, deuteten eine Verbeugung an, legten die rechte Hand aufs Herz und stellten sich ihrerseits vor.

»Jean, lasst sofort den Burghof räumen. Die Marktstände sollen ins Dorf verlegt werden. Ab sofort will ich keinen Zivilisten mehr in der Burg sehen. Dann lasst Material für Brandpfeile herrichten und zum östlichen Wehrgang schaffen. Sorgt auch dafür, dass genügend Steine als Wurfgeschosse auf der östlichen Mauer bereitstehen. Wir wollen sehen, ob wir den ›*baskischen Hunden*‹ nicht einheizen können!«

Jean de Lantar salutierte und eilte aus dem Raum.

»Ein guter junger Mann. Der Herzog von Albi hat ihn persönlich zum Ritter geschlagen«, bemerkte der Kommandant. »Ich habe ihn zu meinem Adjutanten gemacht.«

»Wie ist Eure sonstige Lage? Waffen, Proviant und Trinkwasser?«, wollte Simon wissen.

»Die Nachschubwege funktionieren immer noch hervorragend und auch die Zisternen sind wohlgefüllt. Wenn sie die Linien nicht enger ziehen und uns nicht die Mauern einschlagen, können wir hier noch lange aushalten.«

»Ihr seid in einer selten guten Situation, was den Proviant betrifft. Ich sah schon viele Festungen, die der Hunger besiegte.«

»Wie sehen eigentlich Eure weiteren Pläne aus, edle Tempelritter? Wir könnten Eure Erfahrungen und Eure Schwerter gut gebrauchen.«

»Ehrlich gesagt, wir wissen es noch nicht. Einige Tage werden wir auf jeden Fall noch hierbleiben.«

»Dann hoffe ich, dass Ihr noch möglichst lange bei uns verweilt. Wenn Ihr Fragen oder Vorschläge habt, seid Ihr mir immer willkommen. Ihr wisst, wo ich zu finden bin.«

Die Männer verabschiedeten sich mit einem kräftigen Händedruck. Als sie auf den Burghof zurückkehrten, bot sich ihnen ein ganz anderes Bild als zuvor. Die Marktstände waren zum Teil schon abgebaut und nur noch wenige Menschen hielten sich auf dem Hof auf. Einige Soldaten beobachteten gelangweilt, wie ein paar Handwerker die letzten Buden abbauten.

»Albrecht, hast du im Dorf der Katharer eine Schänke entdeckt?«

»Ja, Simon, nicht weit von Ylondas Haus.«

»Gut, gehen wir dort hin. Ich möchte mich mit dir ungestört beraten.«

Die Schänke war etwas kleiner als das Wirtshaus im Tal, aber urgemütlich. Die beiden Templer suchten sich einen Platz in einer ruhigen Ecke. Nachdem der Wirt ihnen einen Krug Wein und Becher gebracht hatte, waren sie ungestört.

»Entschuldige bitte, dass ich dir nicht von Anfang an erzählt habe, worum es bei unserer Reise geht. Doch unser Großmeister erlegte mir Verschwiegenheit auf, selbst dir gegenüber.«

»Du brauchst dich bei mir nicht entschuldigen, Simon. Ich kenne unsere Ordensregeln. Ich hätte an deiner Stelle nicht anders gehandelt.«

»Was sollen wir nur tun, Albrecht? Wir halten eine der heiligsten Reliquien der Christenheit in Händen und keiner will sie.«

»Ich könnte mir schon einige Menschen vorstellen, die sie gerne hätten und auch einen hohen Preis dafür zahlen würden. Der Erzbischof von Narbonne zum Beispiel. Oder der französische König. Vom Papst ganz zu schweigen. Nur, ich gönne den Becher keinem von ihnen.«

»Ich sehe es genauso, treuer Freund. Vielleicht ist es am besten, wir bringen den Gral nach Paris in unser Hauptquartier. Die Mauern des *Enclos du Temple* werden ihn schützen. Der König ist viel zu schwach, gegen unseren Orden vorzugehen und Rom ist weit.«

Albrecht nickte zustimmend. »Wann wollen wir aufbrechen?«

»Noch nicht so bald. Diese guten Leute hier brauchen unsere Hilfe. Ich denke, dass wir einiges für sie tun können.«

Und für Ylonda, fügte er im Geist hinzu.

* * *

An den nächsten Tagen traf sich Simon oft mit Ylonda. Albrecht war meist mit Gilbert unterwegs, sodass Simon viel Zeit allein mit Ylonda verbringen konnte.

Durch die Sperrung des Burghofs war der Bewegungsspielraum für Zivilisten erheblich eingeschränkt. Doch Ylonda wusste sich zu helfen. Die Falltüre in ihrem Haus ermöglichte ihnen kleine Ausflüge in die unmittelbare Umgebung. Die Belagerer konzentrierten sich inzwischen fast ausschließlich auf ihre Stellung auf dem östlichen Vorwerk. Der Ring um die Burg war lockerer denn je. Simon genoss diese Ausflüge. Sie waren eine Oase im Sturm der Zeit.

Ylonda und Simon standen Seite an Seite an einem kleinen Gebirgsfluss. Eis säumte bereits seine Ufer, doch in der Mitte floss das Wasser frei und wild und die vielen Felsen im Flussbett verursachten schäumende Strudel. Ab und zu schossen Fische pfeilschnell zwischen den großen Steinen hindurch. Behutsam legte Simon seine Hand auf die von Ylonda. Sie sah kurz zu ihm und lächelte ihn an. Dann beobachtete sie wieder die Wasserspiele im Fluss. Plötzlich hörten sie krachenden Donner. Ylonda und Simon sahen besorgt zum Himmel, doch nur wenige Wolken trieben dort oben.

»Das ist kein Gewitter! Das ist das Katapult! Ich muss sofort zu de Mirepoix!«, rief Simon und sprang auf.

Ylonda erhob sich ebenfalls. Traurig warf sie noch einen

kurzen Blick auf den Fluss. Glück war wohl doch nur eine Sache von wenigen Augenblicken. Simon nahm sie fest in seine Arme. »Keine Angst«, sagte er, »Euch wird nichts geschehen.«

Dann eilten sie zu Ylondas Haus zurück.

Als sie die Falltüre hinter sich schlossen, krachte es zum zweiten Mal. Ylonda atmete erleichtert auf, als sie Gilbert noch im Haus antraf. »Gegen Steine können Schwerter nichts ausrichten, liebe Schwester. Außerdem hat Pierre-Roger de Mirepoix allen Zivilisten den Zutritt zum Burghof verboten.«

»Das ist auch gut so«, entgegnete Simon und eilte zur Burg.

Mitten auf dem Hof lag ein etwa siebzig Pfund schwerer Stein, der außer einigen zerborstenen Pflastersteinen keinen Schaden angerichtet hatte. Der Templer vermutete den Kommandanten auf den Zinnen und nahm die nächste Treppe zum Wehrgang. Hinter ihm schlug krachend ein dritter Stein ein und durchschlug das Dach eines der Vorratshäuser.

Simon fand Pierre-Roger de Mirepoix auf der Ostmauer. Diesmal trug er einen Helm mit rotem Federschmuck. Hinter den Zinnen geduckt näherte sich der Ritter dem Kommandanten und legte ihm die Hand auf die Schulter. Dieser nickte ihm zu und deutete nach unten. »Das Katapult können wir zwar nicht erreichen, aber wir konnten die Palisade in Brand schießen. Seht!«

Simon spähte durch die Zinnen. Die ganze rechte Seite der Palisade brannte lichterloh. Davor lagen einige Basken, die wohl bei Löschversuchen von Pfeilen durchbohrt worden waren.

»Zielt auf die Steineschlepper!«, befahl de Mirepoix seinen Bogenschützen.

»Glücklicherweise befindet sich auf der Bastion nur eine kleine Zisterne. Die reicht gerade einmal für Trinkwasser. Mit Säcken allein können sie das Feuer nicht mehr ersticken. Vor allem nicht, wenn wir die Leute unter Beschuss nehmen.«

Simon sah erneut hinunter. Der Kommandant hatte Recht. Alle Belagerer waren nun hinter der zur Hälfte brennenden Palisade verschanzt. Sie wagten weder weitere Löschversuche, noch trauten sie sich, Steine als Munition heranzuschleppen.

Dennoch flog plötzlich ein riesiger Brocken über ihre Köpfe hinweg in die Burg.

Irgendwo hinter ihnen krachte es fürchterlich.

»Das war ihr letzter Stein! Schießt weitere Brandpfeile! Auf die linke Seite!«

Die Bogenschützen legten erneut an und binnen weniger Sekunden bohrten sich weitere brennende Pfeile in die Palisade.

»Mit Verlaub, edler de Mirepoix, darf ich Euch einen Vorschlag machen?«

»Gerne, Templer, nur zu!«.

»Befehlt Euren normalen Bogenschützen, steil in die Luft zu schießen, so dass die Pfeile hinter der Palisade senkrecht niedergehen. Das wird die Belagerer in Schwierigkeiten bringen.«

»Gute Idee, Simon de Tarascon! Ich informiere die Bogenschützen zur Linken, Ihr die zur Rechten.«

Schon bald darauf ging ein todbringender Pfeilregen auf die baskischen Belagerer nieder.

Sie hatten nicht damit gerechnet, dass die Pfeile sie hinter der schützenden Palisade erreichen könnten.

Mikel Laboa, der Anführer der *»baskischen Hunde«*, fluchte in seiner Muttersprache.

Er musste sich eingestehen, dass er die Verteidiger unterschätzt hatte. Die Taktik der im steilen Bogen fliegenden Pfeile war ihm bisher noch nicht begegnet. Die Palisade brannte inzwischen auf der gesamten Breite und würde in Kürze keinen Schutz mehr bieten.

Den Abschuss von vier Steinen hatten neun seiner Männer mit dem Leben bezahlt. Er beschloss, das Vorwerk zu räumen, so lange Feuer und Rauch ihnen noch Deckung boten. »Soll doch der Erzbischof persönlich das Katapult bedienen!«

Lautlos gab er seinen Männern ein Zeichen und sie begannen den Abstieg in sicherere Gefilde.

Die Verteidiger auf den Zinnen bemerkten, dass die Angreifer aufgaben und jubelten. Einige Bogenschützen legten Pfeile in die Sehnen um die Flüchtenden noch zu beschießen.

»Nein!«, rief Simon. »Verschont sie. Sie sind keine Gefahr mehr.«

Die Schützen blickten zu ihrem Kommandanten, doch der nickte zustimmend. »Sie werden berichten, was hier geschehen ist. Das wird die anderen zögern lassen, es ihnen gleichzutun.«

* * *

Vier Tage vor Weihnachten kam der Schneefall. Die Wochen davor waren unermüdlich Vorräte in die Burg geschleppt worden. Von nun an war es nicht mehr möglich, weitere Güter auf den Berg zu befördern. Zu verräterisch wären die Spuren im Schnee gewesen.

Albrecht hatte zwischenzeitlich einen neuen Freund kennen gelernt. In der Schänke war ihm aufgefallen, dass dieser Mann den gleichen fränkischen Akzent sprach wie sein Vater.

Lachend hatte der sich vorgestellt: »Ich bin Veit Ries, Ries wie Zwerg, aus Rothenburg.«

Seither nannte ihn Albrecht nur noch »Ries wie Zwerg«. Rothenburg ob der Tauber kannte er aus den Erzählungen seines Vaters. Es lag unweit der Burg von Colmberg und musste eine prächtige Stadt sein. Die beiden neuen Freunde verstanden sich blendend und sie leerten zusammen manchen Becher Wein.

Veit Ries, Albrecht, Gilbert und Simon nahmen täglich an den Waffenübungen teil und Simon stellte fest, dass sich Ylondas Bruder überaus geschickt anstellte. Ylonda arbeitete tagsüber in der Flachsweberei und wenn er sie abends in ihrem Haus besuchte, saß sie oft am Spinnrad. Sie erzählten sich dabei gegenseitig aus ihrem Leben und ihre Vertrautheit und Zuneigung wuchs von Tag zu Tag. Simon meinte sie schon viele Jahre zu kennen. Doch außer gelegentlichen Umarmungen oder einem Gute-Nacht-Kuss fand keine körperliche Nähe statt. Ylonda war zurückhaltend, sie kannte sein Gelübde und wollte ihn nicht in einen Konflikt bringen. Es neigte sich der Januar seinem Ende, als Simon sie wieder einmal in ihrem Haus besuchte. Sie saßen traulich beieinander und er nahm ihre beiden Hände in die seinen. Das wohlig-warme Gefühl durchströmte beide und Ylonda sagte: »Ich möchte nie mehr auf diese Wärme verzichten.«

Simon umarmte sie innig und lang. Dann löste sie sich von ihm, legte den Riegel vor die Tür und kehrte zu ihm zurück.

* * *

Ein leises Lied weckte Ylonda am nächsten Morgen.

»Der Tag ist ein Tier.
Seine Krallen aus Licht zerreißen die Liebenden.
Die Nacht ist viel zu schnell vergangen,
wer hat sie so kurz bemessen?
Ach, Tag! Alles was lebt, sei es wild oder zahm,
freut sich über dich
und sehnt sich danach, dich zu sehen, nur ich nicht.
Der Tag drängt mit Macht durch die Fenster
und hätte ich gar viele Riegel vorgeschoben,
es nützte nichts.
Seine Klauen haben die Wolken längst durchschlagen,
die Sonne steigt auf mit großer Kraft.
Doch auch wenn es drei Sonnen mit ihren Strahlen gäbe,
sie könnten nicht zwischen uns beiden hindurchscheinen.«

»Das ist ein trauriges Lied, Simon. Traurig, aber wunderschön!«

»Ich habe es von Albrecht gelernt. Gedichtet hat es ein fränkischer Minnesänger, Wolfram von Eschenbach.«

»Ich dachte bisher immer, Templer kennen nur den Kampf und geistliche Lieder. Du überraschst mich, Geliebter.«

»Von nun an kennt dein Templer nicht nur Minnelieder, sondern auch die Liebe.«

Simon drückte Ylonda einen Kuss auf den Mund.

»Bereust du es?«, wollte sie wissen.

»Nein, dreimal nein! Ich habe zwar mein Gelübde gebrochen, aber nicht meine Ehre verloren.«

Simon dachte an Ulrich von Hohenstein und das Massaker von Nablus. Er dachte an seinen Onkel Joscelin de Foix und die Ermordung seines Vaters und Großvaters. Er dachte daran, dass der Erzbischof von Narbonne unten im Tal darauf wartete, einige hundert Menschen auf dem Scheiterhaufen zu verbrennen.

Was war seine Unkeuschheit gegen Mord, Totschlag und Verrat?

»Nein, ich bereue nichts«, wiederholte er und sah Ylonda zärtlich an.

* * *

Simon hatte sich an den Lebensrhythmus in Burg und Katharerdorf gewöhnt. Er war ihm genauso vertraut wie sein Leben in der Garnison zu Akkon. Auch Albrecht schien es zu genießen, der strengen Ordenszucht für einige Zeit entkommen zu sein. Der Franke aus Outremer verbrachte viel Zeit mit Veit Ries und Gilbert, manchmal sah ihn Simon im Dorf sogar mit Mädchen scherzen.

»Alles ist anders geworden«, dachte sich Simon.

Routinemäßig beteiligte er sich mit Pierre-Roger de Mirepoix am Kontrollgang rund um die Burg. Vom bedrohlichen Katapult standen nur noch verkohlte Reste auf dem Vorwerk, das der Kommandant nun erneut durch einen eigenen Vorposten sichern ließ. Der Schnee war schon Anfang Februar geschmolzen, sodass man die Nachschubtransporte wieder aufnehmen konnte.

Simon wusste, dass man Montségur niemals im Sturmangriff würde nehmen können und er fragte sich, was der Seneschall von Carcassonne, Hugues des Arcis, eigentlich vorhatte.

Er sollte es schmerzlich bald erfahren.

Am Morgen des ersten März des Jahres 1244 rief der Kommandant Simon und Albrecht zu einer Lagebesprechung. Neben Pierre-Roger de Mirepoix, Jean de Lantar und einigen Soldatenführern war auch der Bischof der Katharer, Bertrand d'en Marti, anwesend. Das war ungewöhnlich.

Ohne Umschweife begann der Kommandant. »Wir sind verraten worden! Alle Zisternen der Burg sind verseucht. Heute Morgen entdeckten meine Männer Hunderte von toten Ratten im Wasser. Nur noch die Zisternen des Dorfes und die kleine Zisterne des östlichen Vorwerks sind sauber. Das bedeutet, dass wir in rund zehn Tagen am Ende sein werden. Aber auch nur, wenn man in der Zwischenzeit nicht noch die anderen Zisternen vergiftet.«

Verrat und Gift, das also war der Plan des Seneschalls. Simon kannte die »Waffe Durst« aus dem Heiligen Land sehr gut, aber er hätte nie gedacht, dass sie in seiner Heimat ebenfalls einsetzbar war. In seinen Erinnerungen spielten immer die klaren Bäche und Flüsse Okzitaniens eine große Rolle.

Bertrand d'en Marti wirkte sehr gefasst und Simon fragte sich, ob den alten Mann überhaupt noch etwas erschüttern konnte. »Was schlagt Ihr vor, Kommandant? Was sollen wir tun?«

»Auf dem südlichen Vorwerk ist eine große Zisterne. Mit dem zusätzlichen Wasser werden wir zwei bis drei Wochen gewinnen. Deshalb wagen wir einen Ausfall. Heute Nachmittag brechen wir aus.«

Der Bischof erhob sich wortlos und verließ den Raum. Dann begann Pierre-Roger de Mirepoix mit seinen Truppführern die Soldaten einzuteilen. Simon und Albrecht bat er, an seiner Seite zu kämpfen.

Nach der Besprechung gingen Simon und Albrecht ins Dorf. Sie wollten noch einmal gemeinsam mit Ylonda und Gilbert das Mittagessen einnehmen.

Es war ein trauriges Mahl, bei dem alle schwiegen. Die Freunde waren in den letzten Monaten eng zusammengewachsen und nun wussten sie nicht, ob sie sich lebend wiedersehen würden.

Bevor Gilbert seinen Wunsch äußern konnte, sich am Ausfall zu beteiligen, bat ihn Simon: »Teurer Gilbert, bitte versprecht mir, Ylonda zu beschützen. Sie braucht Euch jetzt mehr denn je.«

Gilbert fühlte sich vom Wunsch des Ritters geehrt und nahm von seinem ursprünglichen Vorhaben Abstand.

Simon umarmte Ylonda noch einmal und übergab ihr wortlos den Beutel mit dem Gral. Dann verließen die beiden Templer das Haus und begaben sich zur Burg.

Fast die gesamten Truppen der Verteidiger sammelten sich hinter dem Südtor. Nur fünfzig Mann sollten zum Schutz der Burg zurückbleiben.

Auf ein Zeichen des Kommandanten wurde das Fallgitter hochgezogen und das Tor geöffnet. Die Männer stürmten los. Ihr Ziel war das südliche Vorwerk.

Die Belagerer waren überrascht. Nach zehn Monaten hatten sie nicht mehr mit einem Ausfall gerechnet. Nur die Basken des Mikel Laboa leisteten ernsthaften Widerstand, die Männer des Seneschalls flüchteten auf tiefer gelegene Vorsprünge und Terrassen.

Bereits nach zwanzig Minuten war das schon lange verlorene Vorwerk wieder in der Hand der Verteidiger.

Simon verschaffte sich gemeinsam mit Pierre-Roger de Mirepoix einen Überblick. Ihre eigenen Verluste waren erfreulich gering. Die Basken dagegen hatten einen hohen

Preis für ihren Mut bezahlt. Kaum ein Dutzend war am Leben geblieben und keiner davon unverwundet. Simon begab sich zu den gefangenen Söldnern. Ihr Hauptmann, Mikel Laboa, stand noch auf den Beinen, wenn auch sein Schwertarm blutüberströmt war. Die beiden Männer sahen sich schweigend an. Simon spürte, dass sein Gegenüber einer wie er war und nur durch das blinde Schicksal auf der anderen Seite kämpfte. Der Templer bückte sich, löste den Gürtel eines Gefallenen und band Laboas Arm gleich unter der Schulter ab. Mikel Laboa sagte leise »Danke.«

»Schafft die Verwundeten in die Burg!«, befahl Pierre-Roger de Mirepoix und gesellte sich zu Simon und dem Söldner. Der baskische Hauptmann wollte gerade schon den anderen Verwundeten Richtung Burg folgen, als ihn Simon am gesunden Arm festhielt.

»Mit Verlaub, Hauptmann, könnt Ihr noch kurz ausharren? Ich würde gerne mit Euch reden.«

Der Baske nickte.

»Von Krieger zu Krieger und um der Menschen willen, wie steht es dort unten? Ich will nicht, dass noch mehr Blut vergossen wird.«

Mikel Laboa zögerte. Er war bekannt für seine Loyalität gegenüber seinen Auftraggebern. Von diesem guten Ruf lebte er. Doch was konnte er schon verraten, was dem Seneschall schaden würde?

»Bis ins Tal werdet Ihr es schaffen. Doch dort unten warten zehntausend Mann auf Euch, ausgeruht und begierig, die Sache zu Ende zu bringen. Bei allem Mut wird es Euch unmöglich gelingen, diese Übermacht zu besiegen.«

»Danke. Geht nun und lasst Euren Arm versorgen. Ich hoffe, dass er zu retten ist.«

Der Baske neigte leicht den Kopf, dann ging auch er in die Burg.

Nachdenklich stand Simon an den Zinnen der Bastion. Die Situation war festgefahren wie seit fast einem Jahr. Die einen konnten die Burg nicht nehmen, die anderen kamen nicht mehr heraus. Wenn die Sache mit den vergifteten Zisternen nicht wäre, könnten sie weiter auf Zeit spielen, bis dem Seneschall und dem Erzbischof die Geduld und das Geld ausgingen. Wenn!

»Was geht Euch durch den Kopf, Templer?«, fragte Pierre-Roger de Mirepoix.

»Eine ehrenvolle Lösung, Kommandant.«

»Und die wäre?«.

»Lasst mich Euer Unterhändler sein. Für die dort unten bin ich eine neutrale Person. Sie wissen nicht, dass ich an Eurer Seite kämpfte.«

»Dann wollen wir uns mit dem Bischof beraten. Ihn und seine Leute sollen wir verteidigen, also soll er entscheiden, was zu tun ist.«

Allein, ohne Schwert, aber mit einer weißen Fahne an einer Stange, machte sich Simon an den Abstieg ins Tal. Der Bischof und der Kommandant hatten ihm freie Hand gegeben, eine möglichst ehrenvolle Übergabe auszuhandeln. Nun war es an ihm, dem Seneschall mitzuteilen, unter welchen Bedingungen die Katharer bereit wären, Montségur zu übergeben.

Einige Ritter empfingen ihn am Eingang des Lagers und führten ihn umgehend in das große Zelt, vor dessen Eingang das Banner von Hugues des Arcis im Wind flatterte.

Simon rammte seine Stange mit der weißen Fahne daneben in die Erde und betrat das Zelt. Wohl zwanzig Männer befanden sich darin.

Simon war überrascht von der prunkvollen Ausstattung. Schon lange hatte er keine solche Pracht mehr gesehen, und dies in einem Belagerungszelt.

»Seid Ihr der legitime Unterhändler der Ketzer?«, fragte ihn ein Mann, der zweifellos der Erzbischof von Narbonne war.

»Ich bin der legitime Unterhändler der Bewohner und der Soldaten der Burg Montségur. Mein Name ist Simon de Tarascon. Ich bin Tempelritter und Mitglied des Kapitels zu Akkon. Eine Mission, die mit Euren Geschäften nichts zu tun hat, führte mich zufällig auf die Burg. Meine Angelegenheiten haben aber weder mit Euch, noch mit jenen dort oben zu tun, ich bin also neutral. Deshalb wählte man mich, mit Euch zu verhandeln.«

Simon genoss das Erstaunen in ihren Gesichtern. Mit einem Templer hatten sie nicht gerechnet. Ein großer, kräftiger Mann trat auf ihn zu. Dieser verneigte sich leicht und sagte: »Hugues des Arcis, Seneschall von Carcassonne und Heerführer der Truppen von Raimond VII., Graf von Toulouse. Lasst uns die Bedingungen aushandeln. Nehmt Platz!«

Simon setzte sich an den runden Tisch in der Zeltmitte. Zu zehnt saßen sie im Kreis und alle, bis auf den Templer und einen Mönch in schwarzer Kutte, waren ausnehmend vornehm und teuer gekleidet. Auf dem Tisch standen Krüge, Becher, Teller, Schalen und Kerzenleuchter aus purem Gold. Die Belagerer ließen es sich wahrhaft gutgehen.

Simon schaute jedem lange ins Gesicht. Er wollte wissen, mit wem er es zu tun hatte. Dabei fiel ihm ein hagerer, schwarzhaariger Mann besonders auf. Von seiner ganzen Ausstrahlung her passte er nicht ins Gefolge des Erzbischofs. Der Mann erwiderte seinen Blick und erhob sich.

»Raimond, Graf von Toulouse«, sagte er. »Man behauptet, dies wäre mein Feldzug.« Mit einem gequälten Lächeln setzte er sich wieder.

Simon verstand. Nun besaß er einen Verbündeten am Tisch.

Pierre Amiel, der Erzbischof von Narbonne, funkelte den Grafen böse an, schwieg jedoch.

Simon räusperte sich. »Bevor wir beginnen, bitte ich Euch, mir mitzuteilen, wer hier am Tisch etwas zu entscheiden hat und wer nur seines Standes wegen hier sitzt.«

Der Seneschall ergriff das Wort: »Unsererseits liegen die geistlichen Dinge in den Händen des Erzbischofs von Narbonne und des Inquisitors Ferrier.« Er wies mit der Hand auf den Mönch. »Die weltlichen Dinge obliegen Graf Raimond und mir.«

»Danke, damit herrscht Klarheit«, sagte Simon. »Nun zu den Bedingungen von Pierre-Roger de Mirepoix und Bertrand d'en Marti. Sie sind bereit, die Burg zu räumen, wenn jeder und jede freies Geleit erhält und nicht weiter verfolgt wird. Dies soll auch für die Teilnehmer an dem Zwischenfall in Avignonnet gelten. Die Soldaten dürfen ihre sämtlichen Waffen und ihr Gepäck mitnehmen.«

»Ihr stellt Bedingungen wie ein Sieger!«, empörte sich der Erzbischof.

»Gemach, gemach«, wandte der Graf ein. »Die Soldaten verrichten nur ihr Handwerk. Heute kämpfen sie für die Katharer, morgen werden sie für den Erzbischof kämpfen. Wenn er sie gut genug bezahlt«, fügte er hinzu. »Sie sollen ihren freien Abzug erhalten, samt ihren Familien und ihren Gerätschaften.«

»Und wie wollt Ihr sicherstellen, dass sich die Ketzer nicht unter sie mischen? Es wird ein buntes Volk sein, was den Berg hernieder ziehen wird.« Der Erzbischof gab sich nicht so schnell geschlagen.

Nun ergriff der Inquisitor das Wort. Er war ein rotgesichtiger, pausbackiger Mann, dessen Kutte seinen Leibesumfang nicht kaschieren konnte. »Vergesst nicht, dies ist ein Feldzug des Herrn! Egal, was immer Ihr aushandelt, es kann nur unter einer Bedingung geschehen: Jeder, der die Burg verlässt, muss seine Verfehlungen vor mir und dem Kruzifix bekennen und seinem Irrglauben abschwören! Ob Ketzer oder Soldat, ob Weib oder Kind. Wer sich nicht zum Glauben unserer Heiligen Mutter Kirche bekennt, soll in den Flammen geläutert werden. Da ist nichts weiter verhandelbar!«

Der Erzbischof schlug zur Bekräftigung mit der Faust auf den Tisch und rief: »So sei es!«

Obwohl Mitglied eines Ordens und Kämpfer für die Christenheit im Heiligen Land, hasste Simon diese Eiferer. Solche Menschen hatten in den letzten Jahrzehnten mehr Schaden angerichtet als die Sarazenen, Seldschuken und andere Muselmanen.

Er wusste, dass sie diese Bedingung stellen würden, der Bischof der Katharer hatte ihn darauf vorbereitet. Und auch darauf, dass kein *Parfait* sie annehmen würde. Aber das spielte zum jetzigen Zeitpunkt keine Rolle.

»Einverstanden«, sagte Simon. »Doch eine Bitte habe ich noch. Gewährt den Belagerten fünfzehn Tage Bedenkzeit.«

Ein Raunen ging durch die Runde. »Wozu diese lange Frist?«, wollte der Seneschall wissen.

»Bertrand d'en Marti möchte mit den Seinen noch ein letztes Mal das Sonnenfest zur Frühjahrs-Tagundnachtgleiche feiern.«

»Heiden!«, empörte sich der Inquisitor.

»Glaubt Ihr, dass Eure Schützlinge so lange dürsten können?«, fragte der Erzbischof hämisch. Er hatte sich damit als Verursacher des Giftanschlags verraten. Keiner außerhalb der Burg konnte wissen, dass die Zisternen vergiftet worden waren.

»Der Herr wird die tränken, die da dürsten«, antwortete Simon ruhig.

»Ihr Anmaßender wagt es, den Namen des Herrn im Munde zu führen?!«, ereiferte sich der Mönch.

»Ja, ich wage es. Ich, Simon de Tarascon, stand an der Stelle, wo ER uns geboren wurde, wo die Engel erschienen und die weisen Männer aus dem Morgenland IHN anbeteten. Ich war in Kanaan und am See Genezareth. Im ganzen Land hörte ich, wie der Wind das Echo SEINER Worte an mein Ohr trug. Gar hundert Mal bin ich SEINEN letzten Weg abgeschritten und gar hundert Mal stand ich auf Golgatha, wo sie IHN ans Kreuz schlugen. Ich hörte SEINE Botschaft, doch bezweifle ich, dass sie je Euer Herz erreicht hat, die Ihr in SEINEM Namen foltert und mordet.«

»Ihr seid einer von ihnen! Ihr seid ein Ketzer!«, rief der Mönch. »Man sollte Euch unverzüglich zum Scheiterhaufen führen!«

»Nein, ich bin keiner der ihren. Ihr Glaube und ihre Rituale sind mir fremd und nicht die meinen. Ich gehöre zum Orden ›der armen Soldaten Christi und des Tempels Salomos‹. Ich bin ein Verteidiger des Glaubens im Heiligen Land. Meinen Brüdern und mir sind die Heiligen Stätten der Christenheit anvertraut und wir beschützen sie jeden Tag unter Einsatz unseres Lebens. Wer seid Ihr, Inquisitor Ferrier, mich einen Ketzer zu nennen?«

»Schluss damit!«, rief der Graf von Toulouse. »Wir erkennen an, dass Ihr, Herr Ritter, und Ihr, Herr Inquisitor, beide dem rechten Glauben anhängt. Die Bedenkzeit sei gewährt. Sollen sie ihr Fest feiern, wenn ihr Herz daran hängt!«

»Wird das Wasser solange reichen?«, fragte der Seneschall Simon.

»Wenn nicht weitere verräterische Nattern auch noch die Zisternen im Dorf vergiften, mit Mühe und viel Sparsamkeit.«

»Dann sei es so beschlossen. Schreiber! Setze er den Vertrag auf! Bis er damit fertig ist, wollen wir ein Mahl zu uns nehmen.«

»Erlaubt mir bitte, draußen zu warten«, bat Simon.

Damit kein neuer Streit losbrechen konnte, fasste der Graf ihn beim Arm und führte ihn aus dem Zelt.

»Euer Großvater war mir ein guter Freund, Simon de Tarascon.«

»Ich habe davon gehört«, antwortete Simon vorsichtig.

»Was habt Ihr vor, wenn dies hier vorbei ist?«

»Mein Auftrag gebietet mir, den *Enclos du Temple* in Paris aufzusuchen. In diese Situation hier bin ich wirklich nur zufällig geraten.«

»Ich weiß, dass die Templer nichts mit den Katharern zu schaffen haben. Und mich interessiert auch Euer Auftrag nicht. Was mich aber interessiert ist, ob Ihr Eurem Onkel Joscelin, dem Grafen von Foix, einen Besuch abstatten wollt?«

»Sollte ich einen Grund dafür haben?«, fragte Simon zurück.

»Ihr seid ein schlauer Fuchs, Simon de Tarascon. Wenn Ihr nur ein guter Kämpfer wäret, hätte man Euch sicher nicht ins Kapitel berufen. Falls Euch jemand sagen würde, dass es einen Grund für Euch gäbe, Euren Onkel bis auf das Blut zu hassen, was würdet Ihr dann sagen?«

»Ich würde ihm sagen, dass ich diesen Grund kenne und meinen Onkel bis auf das Blut hasse.«

»Ich verstehe.« Der Graf zögerte kurz, dann fuhr er fort. »Ihr seid ein Ehrenmann und verschwiegen dazu. Ich habe eine große Bitte an Euch.«

»Nur zu. Wenn es mir möglich ist, werde ich sie Euch gern erfüllen.«

»Bertrand d'en Marti ist im Besitz einiger Dokumente von unschätzbarem Wert. Es wäre schade, wenn sie den Flammen zum Opfer fielen, oder schlimmer noch, in die Hände gewisser Leute geraten würden.«

»Was soll ich tun?«

»Bittet Bertrand, sie Euch auszuhändigen und bringt diese Dokumente in Sicherheit. Bringt sie in das Hauptquartier Eures Ordens nach Paris. Dort wird man etwas damit anzufangen wissen. Tut Ihr mir und den Leuten dort auf dem Berg diesen Gefallen?«

»Wenn mich Bertrand d'en Marti ebenfalls darum bittet, werde ich es tun.«

»Gut, so sei es!«

Wortlos wandte sich der Graf ab und verschwand im Zelt.

Simon ging ruhelos im Lager umher, niemand hinderte ihn in seiner Bewegungsfreiheit. Die Belagerer waren der Sache längst überdrüssig und froh, dass sie nun zu Ende gehen sollte. An der Pferdekoppel blieb er stehen und bewunderte die schönen Tiere. Zwei kamen zu ihm und er streichelte ihnen die Blesse. Während er sich an den Pferden erfreute, fiel ihm aus den Augenwinkeln etwas Ungewöhnliches auf. Er wandte sich von den Tieren ab und schlenderte langsam, um keinen Verdacht zu erregen, weiter zur Wiese neben der Koppel. Ihn schauderte. Auf der Wiese verteilt steckten Hunderte mannshohe Pfähle in der Erde. Am Fuß eines jeden Pfahls lag aufgeschichtetes Holz. Die Inquisitoren hatten gründlich vorgearbeitet.

Mit bangem Herzen kehrte Simon zum großen Zelt zurück. Nach wenigen Minuten erschien ein Page und bat ihn einzutreten. Der Vertrag war geschrieben, nun fehlte nur noch seine Unterschrift. Unterzeichnete er das Todesurteil für die Menschen, die ihm Freunde geworden waren? Schickte er mit seinem Namenszug Ylonda, Gilbert und die anderen in den sicheren Tod?

Simon tröstete sich damit, dass sie abschwören konnten, dass sie ihr Schicksal selbst in der Hand hielten. Er hatte für die Burg und seine Bewohner getan, was er konnte. Seine Aufgabe war nun erledigt.

Der Seneschall händigte ihm eine unterschriebene Abschrift der Übergabebedingungen aus. Mit dieser machte sich Simon auf den Rückweg zur Burg.

* * *

Erzbischof Pierre Amiel lief unruhig in seinem Zelt auf und ab. Immer wieder schickte er seinen Adjutanten nach draußen, um Ausschau zu halten, ob sein erwarteter Besuch endlich eintraf. Wobei er Wert darauf legte, dass weder der Seneschall, noch der Graf seinen Besuch zu Gesicht bekamen. Und der Inquisitor schon gar nicht. Der bigotte Katalane war ihm zutiefst zuwider. Pierre Amiel gehörte zu jenen Klerikern, die der Welt und den Dingen in ihr durchaus etwas abgewinnen konnten. Wobei seine Betonung stets auf *Gewinn* lag. Fanatische Eiferer wie Ferrier, die alles Weltliche verdammten, hatten kein Verständnis für Männer der Kirche wie ihn, die Glauben und Welt in Einklang bringen wollten. Pierre Amiel war es stets gelungen, für seine materiellen Bestrebungen das passende Wort Gottes in der Heiligen Schrift zu finden.

Ein kurzer Pfiff riss den Erzbischof aus seinen Gedanken, dann erschien der Kopf seines Adjutanten im Zelteingang.

»Eure Besucher sind eingetroffen, Hochwürdigste Exzellenz«, verkündete er in verschwörerischem Flüsterton.

Zwei vermummte Männer betraten das Zelt und schlugen ihre Kapuzen zurück. Der eine, der ein Bündel unter dem Arm trug, war Veit Ries, der andere Albrecht von Colmberg.

Ohne Begrüßungsfloskeln kam der Söldner zur Sache: »Ich hoffe, Ihr habt genug Goldmünzen bei Euch.«

»Gemach, gemach«, wiegelte der Erzbischof ab. »Lasst mich erst einen Blick auf das Objekt werfen!«

Wortlos reichte Veit Ries ihm das Bündel und der Erzbischof löste hastig die Schnur. Vorsichtig breitete er das verschossene blaue Tuch aus.

»Wunderbar«, sagte er ehrfürchtig. »Mariens Mantel, mit dem sie unseren Herrn bedeckte.«

»Genau!«, bestätigte Veit Ries. »Nicht so ein Schund wie die abertausend falschen Splitter vom Kreuz Christi. Der echte Mantel der Mutter Gottes!«

»Und wer sagt mir, dass er wirklich echt ist?«, fragte der Erzbischof mit plötzlich erwachtem Misstrauen. »So wie der Mantel aussieht, könnte er auch von einem aussätzigen Bettler stammen.«

»Spürt Ihr denn nicht seine Heiligkeit?«, mischte sich Albrecht ein. »Ich bin es, der Euch die Echtheit bestätigt. Ich selbst, ein Ritter vom Tempel Salomos, fand mit einigen Kameraden diesen Mantel in einem Höhlenstall bei Bethlehem.«

»Und warum trennt sich ein Templer von dieser Reliquie? Fürchtet Ihr nicht die Rache Eures Ordens?«

»Mein Orden weiß nichts von diesem Mantel. Und die Kameraden, die ihn mit mir fanden, fielen in die Hände der Muselmanen.«

»Gut, gut, ich glaube Euch, dass die Reliquie echt ist. Doch warum bietet Ihr sie mir an?«

Immer noch traute Pierre Amiel den beiden Franken nicht ganz. Er wollte sich der Sache ganz sicher sein, bevor er den Mantel an den reliquiensüchtigen König Ludwig mit hohem Gewinn weiterverkaufte.

»Weil die Katharer sie nicht haben wollten. Nicht einmal geschenkt. Sie halten nichts von materiellen Dingen und verachten Reliquien. Das wusste ich allerdings nicht, weil ich mit diesen Ketzern vorher nie zu schaffen hatte«, entgegnete Albrecht und es gelang ihm, eine überzeugende Portion Enttäuschung in seine Stimme zu legen.

»Ja, Ihr könntet die Wahrheit sprechen«, sagte der Erzbischof nachdenklich und fügte hinzu: »Und warum glaubt Ihr, dass Ihr dieses Zelt mit Gold beladen und lebend verlassen könnt?«

»Weil im Falle eines Betrugs Mariens Mantel Euren Kadaver bedecken würde, wenn auch nur für kurze Zeit«, antwortete Veit und hielt dem Erzbischof seinen blitzschnell gezogenen Kampfdolch an die Kehle.

Hilfe suchend blickte sich Pierre Amiel um, doch er sah nur seinen vor Angst schlotternden Adjutanten, der leichenblass vor Albrechts Schwertspitze stand, die auf sein Herz zielte.

»Das Gold, Erzbischof!«, forderte Veit.

»Schon gut, nehmt Eure Waffe von meinem Hals! In der kleinen Truhe dort ist die vereinbarte Summe. Nehmt sie und verschwindet auf Nimmerwiedersehen!«

Der Söldner dachte überhaupt nicht daran, seinen Dolch von Pierre Amiel abzuwenden und gab Albrecht ein Zeichen. Der schlug mit einem kurzen kräftigen Schlag mit dem Schwertknauf den Adjutanten bewusstlos, bevor er den Inhalt des kleinen, eisenbeschlagenen Kastens prüfte. Nachdem er einige Münzen der Bissprobe unterzogen hatte, nickte er Veit zu.

Mit einem Faustschlag schickte er den Erzbischof ebenfalls in das Reich der Träume. Dann breitete er Mariens Mantel über den Bewusstlosen und sagte: »Möge Dich der Aussatz heimsuchen und dieser Mantel Dein Grabtuch sein!«

Geräuschlos verließen die beiden Franken mit der kleinen Truhe das Zelt und schlichen sich ungesehen aus dem Lager.

Erst auf halber Höhe des Weges zur Burg brachen sie in schallendes Gelächter aus. Sie wussten, dass König Ludwig der Heilige bald stolz dem staunenden Adel und Klerus eine weitere Reliquie aus seiner opulenten Sammlung präsentieren würde. Und ebenso wussten sie, dass das Auskommen der Familie Ries in Rothenburg ob der Tauber für mindestens zwei Generationen gesichert war. Schließlich beraubte die Aufgabe von Montségur den Söldner Veit seines Einkommens und das war auch der Grund, warum Albrecht seinem neuen Freund half. Für ihn selbst spielte Gold keine Rolle, allerdings musste er sich eingestehen, dass es ihm durchaus Freude machte, dem Erzbischof dessen geliebtes Gold abzuluchsen und ihn dann auch noch niederzuschlagen. Für all das, was er den Katharern angetan hatte, gönnte er ihm die Kopfschmerzen von Herzen.

* * *

Simon begab sich gleich nach seiner Rückkehr auf die Burg zu Bertrand d'en Marti und Pierre-Roger de Mirepoix, die ihn im Saal über der großen Halle schon erwarteten. Wieder brannte ein wärmendes Kaminfeuer und der Kronleuchter spendete sanftes Licht.

Die beiden waren mit den Bedingungen einverstanden und freuten sich, dass Simon sogar noch die Frist von fünfzehn Tagen hatte durchsetzen können.

Dann berichtete Simon von seinem Vieraugengespräch mit dem Grafen von Toulouse und fragte den Bischof nach den Dokumenten.

»Graf Raimond hat Recht und sein Vorschlag ist gut«, sagte der Bischof. »Es würde mich freuen, wenn Ihr die Dokumente in Gewahrsam nehmen und nach Paris bringen würdet.«

»Gerne. Doch bitte verzeiht meine Neugier: Um welche Dokumente handelt es sich?«

»Da Ihr sie mit Eurem Leben beschützen werdet, habt Ihr das Recht zu erfahren, worum es darin geht. Diese Dokumente beweisen, dass die Linie der Merowinger doch nicht erloschen ist und Ludwig IX. zu unrecht auf dem Thron Frankreichs sitzt.«

Simon stockte der Atem. Ihm war die Brisanz dieser Schriftstücke klar. Wenn die falschen Leute sie bei ihm finden würden, wäre sein Leben verwirkt.

»Wollt Ihr dies auf Euch nehmen?«, fragte der Bischof eindringlich.

»Ja. Ich danke Euch für Euer Vertrauen. Ich werde alles daran setzen, dass die Dokumente wohlbehalten zu meinen Ordensbrüdern nach Paris gelangen.«

Der Bischof stand auf und umarmte Simon. »Am Tag vor der Übergabe der Burg werde ich Euch diese Dokumente aushändigen. Wenn Ihr dann in der Nacht auf dem Gipfel von Bidorta ein Feuer entzünden werdet, weiß ich, dass Ihr in Sicherheit seid. Erst danach werden wir die Burgtore öffnen und ins Tal ziehen. Ihr aber begebt Euch in die Burg von Miglos, dort werdet Ihr willkommen sein.«

* * *

Tag für Tag verließen nun heimlich Katharer, aber auch Soldaten mit ihren Familien die Burg durch den »Hinterausgang« über die steilen Hänge im Norden. Die meisten von ihnen waren *Croyants*, die noch nicht bereit waren, den letzten Schritt bis zum bitteren Ende zu gehen.

Einem dieser Evakuierungszüge schlossen sich Ylonda und Simon an. Sie wollten noch einmal gemeinsam den alten Sattler Charles und auch die Schänke, in der sie sich kennen gelernt hatten, besuchen. Nun saßen sie mit Charles in seinem Wohnzimmer und Simon versuchte, Ylonda davon zu überzeugen, nicht zur Burg zurückzukehren.

»Ich weiß, was dir dein Glaube bedeutet. Aber er führt dich in den sicheren Tod! Es bricht mir das Herz, dass du dich selbst den Schergen des Inquisitors ausliefern willst.«

Er liebte Ylonda über alles und sie wollte freiwillig in den Feuertod gehen. Simon war verzweifelt.

»Unser Bischof wird jedem *Croyant*, der mit ihm ins Tal zieht, das *Consolamentum* erteilen. Versteh mich doch, Simon, mein Geliebter! Ohne diesen Umstand würde ich in diesem Leben nie und nimmer ein *Parfait* werden. Man schenkt mir die Chance, den Kreislauf der Wiedergeburten zu verlassen und zu den Engeln emporzusteigen.«

Der alte Sattler schüttelte bedächtig den Kopf. »Gebt auf, Simon! Es ist ihr Wille!«

Simon war den Tränen nahe. Er hatte für diese Frau sein Gelübde gebrochen und er würde es tausend Mal wieder tun. Für sie würde er sogar den Orden verlassen und ein anderes Leben führen.

Ylonda nahm seine Hand. »Stell dir vor Simon, du wärst im Heiligen Land und dort draußen stünden die Sarazenen in fünffacher Übermacht. Du wüsstest, dass es dein sicherer Tod wäre hinauszureiten, um für deine Sache zu kämpfen. Würdest du zaudern oder gar fliehen, nur weil ich dich darum bitte?«

Simon verstand. Er würde nun nicht mehr versuchen, Ylonda umzustimmen.

Als die beiden dann in der Dorfschänke saßen, sprachen sie nicht mehr von dem bevorstehenden Unheil. Sie genossen den Wein und ihr Zusammensein. Und sie freuten sich, dass ihnen noch eine Woche Zeit blieb.

Wieder im Terrassendorf, gab Ylonda Simon den Beutel mit dem Gral zurück. Nun war die Reliquie wieder in seiner Obhut.

Am Nachmittag des 15. März 1244 bat Bertrand d'en Marti die beiden Tempelritter zu sich. Auch der Kommandant, Pierre-Roger de Mirepoix, war anwesend. Feierlich übergab der Bischof Simon etliche Pergamentrollen. Die vier Männer nahmen voneinander Abschied und umarmten sich. Dann gingen Simon und Albrecht zu Ylondas Haus. Vor dem Haus standen bereits Gilbert und Veit Ries, die sie begleiten sollten.

»Ylonda wartet drinnen auf dich. Verabschiede dich in Ruhe von ihr«, sagte sein treuer Gefährte. Simon dankte Albrecht für seine Rücksichtnahme. Als er eintrat, kam ihm Ylonda lächelnd entgegen.

»Durch unsere Zeichen werden wir auf ewig verbunden bleiben, wo immer wir auch sein werden. Ob bei den Engeln oder in der Hölle der Schlachtfelder.«

Simon nickte und küsste sie. »Wir werden uns wiedersehen. Irgendwann, irgendwo. Ich liebe dich.«

Dann umarmten sie einander.

»Ich liebe dich auch, Simon. Doch nun beeile dich, eine große Aufgabe wartet auf dich.«

Simon rief die anderen herein. Sie schoben die beiden Truhen von der Falltüre und die Männer begaben sich ein letztes Mal in den Felsengang.

Ylonda schloss hinter ihnen die Tür und schob die Truhen wieder darüber. Erschöpft von der langen Anspannung ließ sie sich auf dem Bett nieder. Erst jetzt spürte sie den Abschiedsschmerz und die Trauer.

Im Anschluss an das Abendgebet erhob der Bischof in der großen Halle ein letztes Mal zwanzig *Croyants* durch das *Consolamentum* zu *Parfaits*. Zu ihnen gehörte auch Ylonda. Danach stiegen alle auf die Zinnen und schauten in die Nacht. Als am Gipfel von Bidorta ein Feuerschein sichtbar wurde, brachen die Katharer in Jubel aus. Ihr wertvollstes materielles Gut war gerettet! Dann gingen sie schweigend in ihre Quartiere.

Als der Morgen des 16. März 1244 anbrach, stand noch der halb gerundete Mond am Himmel. Alle, die noch auf der Burg verblieben waren, sammelten sich auf dem Burghof. Pierre-Roger de Mirepoix teilte sie in zwei Gruppen ein, die Katharer und die Soldaten mit ihren Familien. Dann ließ er das Südtor öffnen und letztere Gruppe zog zuerst ins Tal. Sie führten auch die verwundeten Basken mit sich. Der Kommandant Mirepoix schritt ihnen selbst voran, in der Hand das Banner seines Hauses.

Der Bischof Bertrand d'en Marti ließ seine Gemeinde niederknien und gemeinsam sandten sie ein letztes Vaterunser zu den Engeln. Dann brachen auch sie auf. Zweihundertundfünf »Vollkommene« auf dem Weg zur Erlösung.

Im Tal angekommen, ignorierten sie das große Holzkruzifix, das der Erzbischof von Narbonne hatte aufstellen lassen. Jedem Vorübergehenden rief Inquisitor Ferrier zu: »Schwört Eurem ketzerischen Glauben ab! Tut Buße! Verlasst Euren Irrweg und kehrt in den Schoß der Kirche zurück! Ansonsten bleibt Euch nur die Läuterung durch das Feuer!«

Kein *Parfait* schenkte ihm Gehör oder zögerte auch nur eine Sekunde. Festen Schrittes erreichten sie die Wiese, wo die Pfähle bereitstanden. Ohne ein Wort ließen sie sich festbinden, den Blick zum Himmel gerichtet. Dann begannen sie zu singen.

Bald darauf brannten am Fuß des Montségur zweihundertundfünf Feuer.

* * *

2. Kapitel: Miglos – Die Freunde

Nach einer kalten Nacht in einem verlassenen Schafstall machte sich die kleine Gruppe um Simon nach Süden auf. Gilbert führte sie zu einem an den Berghang geschmiegten Gehöft aus unbehauenen Steinen, wo sie von einem Mann erwartet wurden, der schon tags zuvor für sie vier Maultiere hier herauf gebracht hatte. Ohne die anderen zu beachten oder sich gar selbst vorzustellen, redete der Einheimische ausschließlich mit Gilbert. Das Misstrauen war dieser Tage groß in den Bergen Okzitaniens, jeder konnte jedem Verräter oder Feind sein. Nach einem geflüsterten Gespräch etwas abseits von den anderen brach der Maultiertreiber ohne sich umzusehen auf und Gilbert wandte sich an seine Gefährten: »In Tarascon-sur-Ariège wimmelt es von Spionen der Inquisition. Wir sollten die Stadt unbedingt meiden und direkt nach Miglos gehen. Der Burgherr, Arnaud de Miglos, ist ein Freund von Kommandant Pierre-Roger de Mirepoix und unterstützt uns Katharer schon seit vielen Jahren. Bei ihm werden wir vorläufig in Sicherheit sein. Der Schlächter Ferrier kostet seinen Sieg über Montségur bestimmt noch einige Zeit aus.«

Simon bestieg sein Maultier und trieb es an, die anderen folgten ihm, die hohen Berge der Pyrenäen vor Augen. Der Weg nach Miglos würde noch unwegsamer sein als die Gegend um Montségur, und Gefahr drohte dort nicht nur von Menschen.

Seit sie die Ariège an einer Furt südlich von Tarascon überquert hatten, folgten sie einem klaren Gebirgsfluss aus dem Vallée du Vicdessos, immer tiefer in die schroffe Landschaft hinein. Bei einem weiteren Zufluss aus den Bergen bogen die vier nach Südosten ab und folgten dem Wasserlauf bis zu dem Dörflein Arquizat. Die archaischen, asymmetrischen Häuser waren genauso abweisend wie ihre Bewohner, die sie misstrauisch anstarrten. Simon fröstelte und er wusste, dass nicht nur der kühle Märzwind die Ursache dafür war. Seine Heimat hatte sich verändert, sehr verändert. Sicher, die Berge schienen unwandelbar und ewig, doch die Menschen hier waren andere geworden. Ihre gelassene Heiterkeit, ihre herzliche Gastfreundschaft schien spurlos verschwunden und über allem lag ein eiskalter Panzer aus Argwohn und Furcht.

Simon verspürte Erleichterung, als endlich auf dem Berg vor ihnen die Burg von Miglos aufragte. Türme, Mauern und Zinnen versprachen in einer feindseligen Umgebung zumindest eine Zeit lang Sicherheit, egal ob im Heiligen Land oder in Frankreich.

Sie lenkten ihre Maultiere die Serpentinen hoch, bis sie zum unteren Burgtor gelangten. Der Wächter in dem kleinen, gedrungenen Turm hatte sie schon lange kommen sehen. Er lehnte sich nun aus seinem Fenster und fragte nach ihrem Begehr. Der Name *Simon de Tarascon* erwies sich als schneller Türöffner und hinter dem Tor nahm man die Gruppe herzlich in Empfang. Ein freundlicher Bursche kümmerte sich sofort um ihre Tiere und führte diese in einen nahe gelegenen Stall. Simon sah sich um und erkannte, dass sie sich noch nicht in der eigentlichen Burg befanden, sondern in einer Vorburg mit einem kleinen Dorf. Zu ihm gehörten mehrere Wohnhäuser, Ställe, eine Schmiede und ein Wirtshaus. Dahinter ragte die trutzige Burg Miglos auf, deren Zugang mit einem mächtigen, von zwei Türmen flankierten Tor gesichert war.

Begleitet von einigen Wachsoldaten gingen die vier auf das große Tor zu, doch als sie auf dem Weg dorthin am Wirtshaus vorbeikamen, blieb Veit Ries abrupt stehen.

»Bei Sankt Martin, dem Schutzheiligen aller Franken, ich gehe keinen Schritt weiter, bevor ich nicht meinen höllischen Durst gelöscht habe!«

»Veit! Es geziemt sich nicht, besoffen seinen Gastgebern gegenüber zu treten«, ermahnte ihn Albrecht.

»Ich will mich nicht besaufen, nur meinen Durst löschen mit zwei, drei Kannen des dünnen Gesöffs, das sie hier Wein nennen.«

»Später, mein Freund, später. Erst müssen wir dem Burgherrn unsere Aufwartung machen. Danach gehören dir der Rest des Tages und die ganze Nacht«, versprach Simon.

Murrend und scheinbar widerwillig folgte Veit daraufhin den anderen, aber innerlich triumphierte er. Er hatte erreicht, was er wollte: Ausgang bis zum Wecken.

Zwischenzeitlich war das große Tor geöffnet worden und viele neugierige Gesichter blickten den Ankömmlingen entgegen – Ritter und Knechte, Damen und Mägde, Greise und Kinder. Dann ertönte ein lauter Pfiff und in der Menge bildete sich eine Gasse. Ein stattlicher Mann um die Fünfzig ging mit erstaunlich jugendlich federndem Schritt auf Simon zu. Zweifelsohne der Burgherr Arnaud de Miglos.

»Mein lieber Simon! Sei mir willkommen, meiner Tochter Patentante Sohn!«

In Simons Kopf stapelten sich Fragezeichen. Er wusste zwar, dass in Okzitanien, Aquitanien und Aragón die Adelsfamilien kreuz und quer verwandt und verschwägert waren, doch er hatte sich nie dafür interessiert und in den vielen Jahren seiner Zugehörigkeit zum Templerorden waren diese Dinge ganz aus seinem Bewusstsein verschwunden. Das Einzige, was er verstand war, dass der Mann in irgendeiner Form mit ihm familiär verbunden war.

»Dank für Euer Willkommen!«, antwortete Simon schlicht und ignorierte vorläufig eventuell vorhandene Familienbande. Wie auch immer, vielleicht konnten diese ihm noch nützlich sein.

Der Burgherr bat Simon und seine Freunde mit ausladenden Gesten ihm ins Haupthaus zu folgen.

»Nach Euren Erlebnissen und dem beschwerlichen Weg hierher solltet Ihr Euch erst einmal ausruhen. Wir sehen uns beim Nachtmahl wieder«, sagte der Burgherr und sein Vorschlag klang wie ein Befehl. Herbeigeeilte Diener schulterten die schmale Habe der vier und führten diese zu einem Quartier im Obergeschoss.

Auf dem Weg nach oben verkündete Veit Ries: »Natürlich bleibe ich anstandshalber bis nach dem Nachtmahl, ich will ja nicht unhöflich sein.«

»Du willst doch nur eine solide Grundlage für Deinen Ausflug ins Wirtshaus«, sagte Albrecht und puffte Veit kameradschaftlich in die Seite.

Da die Burg mit Flüchtlingen erheblich überbelegt war, wies man Albrecht, Veit und Gilbert eine gemeinsame Kammer zu. Simon dagegen führte man alleine in ein erstaunlich großes Zimmer, in dem neben Bett und Schrank auch eine Kommode, ein Tisch und mehrere Stühle standen. Simon ging zum Fenster, das nach Nordosten wies, und sah hinaus. Zur Linken sah er einen der hohen, schneebedeckten Gipfel, doch von den Bergen vor ihm hatte sich der Winter bereits zurückgezogen. Direkt unterhalb des Fensters fiel der Burgberg steil ab und endete in einer schroffen Schlucht.

Simon riss sich von dem Ausblick los und trat auf den Flur. Sofort eilte ein Diener herbei und fragte ihn nach seinen Wünschen.

»Bitte weise mir den Weg zur Kapelle«, bat Simon.

Schweigend ging der junge Mann vor Simon her und führte ihn über eine verwinkelte Stiege und einen kleinen Hof zur Pforte des kleinen Gotteshauses.

Es war die Zeit der Non, des Gebets der neunten Stunde, doch die Kapelle war leer. Die Menschen außerhalb der Mönchs- und Ritterorden hielten es nicht so genau mit den Stundengebeten, ihr alltäglicher Überlebenskampf ließ immer weniger Zeit für religiöse Rituale.

Simon war allein im dämmrigen Zwielicht und kniete vor dem Altar nieder. Die Non war die Zeit, der Sterbestunde Christi am Kreuz zu gedenken und mit ihm aller Sterbenden und Verstorbenen. Mit dem Kreuz seines Rosenkranzes in der Hand betete Simon für Ylonda. Inbrünstig hoffte er, dass sie die Erlösung gefunden hatte, für die sie gestorben war. Der Glaube der Katharer war ihm immer noch fremd, doch Simon wünschte sich, dass jede und jeder den Himmel finden möge, den sie oder er sich ersehnte. Oder die Hölle, die er verdiente. Er beendete das Gebet, denn seine Gedanken waren abgeschweift. Weltliche Dinge hatten von seinem Geist Besitz ergriffen und der Hass stieg in ihm auf. Der Hass gegen Joscelin de Foix und alle seine Helfershelfer. Und der Hass gegen den Inquisitor Ferrier, den alle *den Katalanen* nannten. Simon eilte aus der Kapelle, um ihre Heiligkeit nicht durch seine heftigen Rachegelüste zu entweihen. Mit schnellen Schritten wandte er sich dem Haupthaus zu. Vielleicht konnte er gemeinsam mit Arnaud de Miglos eine Lösung finden.

Simon fand den Burgherrn in der großen Halle, wo er mit einigen seiner Ritter vor dem gewaltigen Kamin saß. Armlange Äste gaben dem Feuer Nahrung und dem Raum eine wohlige Wärme.

Arnaud de Miglos hieß Simon Platz zu nehmen. Der Burgherr strich sich über den mit grauen Strähnen durchzogenen Bart, bevor er zu sprechen begann: »Das Haus Miglos hat eine fatale Neigung, immer auf der Seite der Verlierer zu stehen. Schon mein Ahnherr kämpfte mit Peter II. von Aragonien für die Katharer. Und ich habe es ihm in bester Familientradition gleichgetan und Mirepoix zwölf Bogensteinschleudern, zwei große Bliden und drei Dutzend Männer zur Verfügung gestellt.«

Simon nickte stumm. Er kannte die Geschichte des Hauses Miglos nur zu gut. Sein Großvater, der Graf von Foix, hatte auf der anderen Seite, der Seite der Sieger, gegen die Krone Aragonien gekämpft und bei diesem Krieg 1213 sein Land zurückgewonnen, auch die Burg von Miglos. Eigentlich müssten er und Arnaud de Miglos Feinde sein. Doch die Zeiten ändern sich und mit ihnen die Koalitionen.

Der Burgherr fuhr fort: »Wie es aussieht, ist der Traum von einem unabhängigen Okzitanien ausgeträumt. Schade, ich war immer für die Loslösung von Frankreich. Aber mit dem Papst als Verbündeten hat König Ludwig wohl die besseren Karten. Ich bin Realist und weiß, dass in nicht allzu ferner Zukunft die Truppen der Inquisition vor den Mauern meiner Burg stehen werden. Und ich werde ihnen die Burg übergeben. Nicht weil ich ein Feigling bin, sondern weil es die einzige Möglichkeit sein wird, meine Leute zu retten. Was dann mit mir geschehen wird, liegt allein in Gottes Hand!«

Simon schwieg betroffen. Auch er hatte das künftige Schicksal dieses aufrechten Mannes klar vor Augen. Ludwig IX. und seine Vasallen würden nicht eher ruhen, bis alle guten Männer dieses Landes eingekerkert oder tot wären. Der Templer zwang seine Gedanken wieder in die unmittelbare Gegenwart: »Werter Arnaud de Miglos, auf ein Wort! Dürfte ich Euch in einer persönlichen Angelegenheit unter vier Augen sprechen?«

»Gerne doch. Lasst uns nach dem Nachtmahl miteinander reden. Doch jetzt will ich meine trüben Gedanken vertreiben und mit meinen Kampfgefährten über siegreiche Zeiten schwadronieren. Über Zeiten, als *wir* die Sieger waren und lachend nach Hause zurückkehrten.«

* * *

Der Wald reichte fast bis an die Ariège und ließ nur einen kleinen, steinigen Uferstreifen frei. Drei mächtige Kaltblüter grasten gierig zwischen den Bäumen, während ihre Reiter im Schutz eines großen Felsbrockens lagerten.

»In ein paar Monaten ist alles vorbei, Raimond. Miglos wird als nächstes fallen und dann bleibt uns nichts mehr, was sich zu verteidigen lohnt.«

»Doch, mein lieber Pierre-Roger, doch uns bleibt noch etwas: unser Leben!«, antwortete der Angesprochene.

»Du hast gut reden! Dir bleibt mehr als das nackte Leben. Du stehst diesmal auf der richtigen Seite. Der Graf von Toulouse erfüllt seinen Auftrag, den Aufstand der Ketzer niederzuschlagen und erlangt dafür das Wohlwollen des Königs. Aber was soll ich machen? Man wird mich durch ganz Frankreich hetzen.«

Pierre-Roger de Mirepoix, ehemaliger Kommandant der Verteidiger von Montségur, senkte den Kopf.

»Dir wird nichts geschehen!«, versprach Raimond seinem alten Freund. »Du wirst als Söldnerführer betrachtet, nicht als Ketzer. Du kämpfst für den, der dich bezahlt, egal wer das ist. Der König weiß genau, dass er Kerle wie dich eines Tages selbst brauchen wird. Und das Gleiche gilt für deine Männer«, fügte er mit einem Blick auf den jungen Ritter neben de Mirepoix hinzu.

Jean de Lantar schien ob dieser Worte sichtlich erleichtert. Er verspürte keine Lust, sich jahrelang in den unwegsamen Bergen zwischen Frankreich, Aragonien und Navarra zu verstecken. Er erhoffte sich vom Leben andere Dinge: höfische Feste, Minnedienste für edle Damen und Turniere, bei denen er selbstverständlich als Sieger glänzen würde.

»Genug des Trostes!«, sagte de Mirepoix energisch. »Ich weiß, dass du mich nicht hierher bestellt hast, um mein Gemüt zu beruhigen. Was hast du vor?«

Der Graf strich sich eine lange, schwarze Haarsträhne aus dem Gesicht, warf noch einen Blick auf das Wasser, bevor er sein Zögern beendete und wandte sich de Mirepoix zu: »Die Schlachten sind geschlagen. Alles was jetzt noch folgen wird, hat keine Bedeutung mehr. Aber es gibt noch einen anderen Schauplatz, auf dem wir unseren Feinden empfindliche Stiche bereiten können. Kleine Stiche von tödlicher Wirkung.«

»Ich bin ein Soldat, kein Meuchelmörder!«, wandte de Mirepoix entschieden ein.

»Es geht mir auch nicht um Mord, sondern um eine notwendige Abrechnung. Aber nicht du sollst töten, sondern ein anderer, der einen noch besseren Grund hat als du. Deine Aufgabe wird es sein, dafür zu sorgen, dass dieser Mann so lange am Leben bleibt, bis das getan ist, was sich er und ich vorgenommen haben.«

Jean de Lantar schaute Raimond von Toulouse fragend an, doch de Mirepoix wusste, worum es ging. »Diese Sache liegt auch mir am Herzen«, beteuerte er. »Sag mir, wo ich den Mann finde und ich werde ihm helfen.«

»Auf der Burg von Miglos«, antwortete der Graf, erhob sich und ging zu seinem Pferd.

* * *

In seiner Stube bereitete sich Simon auf den Vespergottesdienst vor. Er bedauerte, dass er sein Templergewand in der Komturei von Toulon zurückgelassen hatte und seit Monaten aussah wie ein verarmter Ritter. Es war nicht der Stolz, der ihn sein Ordensgewand vermissen ließ, sondern die Geborgenheit, die es ihm gab.

Auf dem kleinen Hof zwischen Haupthaus und Kapelle begegnete er Albrecht, Veit und Gilbert.

»Die Katharer treffen sich zur Vesper in einer leeren Scheune im Dorf. Ich werde mich ihnen anschließen. Wir sehen uns danach beim Nachtmahl!«, verabschiedete sich Gilbert.

Die anderen drei gingen in die Kapelle und hielten sich im hinteren Bereich auf. Bis zum Beginn des Gottesdienstes ließ Simon seine Blicke durch die Kirche schweifen. Jetzt entdeckte er etwas, das ihm bei seinem Besuch am Nachmittag nicht aufgefallen war.

Ein kleiner Erker wölbte sich etwas oberhalb im Kirchenschiff aus der Wand. Hinter dem hölzernen Gitter konnte er schemenhaft drei Personen ausmachen, eine davon musste Arnaud de Miglos sein. Während Simon rätselte, wer die anderen beiden sein könnten, begann die Gemeinde mit dem Hymnus. Freudig stimmt er mit ein, doch bereits bei der Schriftlesung schweiften seine Gedanken wieder ab. Sein Blick hing wie gebannt an dem Erker und nun sah er, dass die beiden unbekannten Personen verschleiert waren. Es mussten Frauen sein. Auch beim Responsorium, beim Magnificat und bei den Fürbitten konnte er sich nur schwer auf den Gottesdienst konzentrieren. Die beiden Frauen gaben ihm ein Rätsel auf, wusste er doch, dass Arnaud Witwer war. Erst beim Vaterunser stellte sich bei Simon die innere Stille ein und bei der Marianischen Antiphon sang er inbrünstig mit.

Ave, du Himmelskönigin,
ave, der Engel Herrscherin.
Wurzel, der das Heil entsprossen,
Tür, die uns das Licht erschlossen:
Freu dich, Jungfrau, voll der Ehre,
über allen Seligen Hehre,
sei gegrüßt, des Himmels Krone,
bitt für uns bei deinem Sohne.

Es tat Simon gut, endlich wieder einmal den Segen eines Priesters zu empfangen. So freundlich die Katharer auch zu ihm waren, ihre religiösen Gebräuche waren ihm fremd und er hatte sich nach seinen vertrauten Ritualen gesehnt. Beim Verlassen der Kapelle fühlte er sich gestärkt und er beschloss, zur Nacht gemeinsam mit Albrecht die Komplet auf seinem Zimmer zu beten.

In der großen Halle hatte man für das Nachtmahl schwere Eichentische in Hufeisenform ausgestellt. Man wies Simon einen Platz an der Stirnseite zu, direkt neben Arnaud de Miglos. Auf der anderen Seite des Templers saß ein junger Mann mit dunklem Teint, der Simon von sich selbst und seinen Kameraden im Heiligen Land wohl vertraut war. Doch bevor er sich in Spekulationen verlieren konnte, stellte sich sein Nachbar vor: »Gestatten, mein Name ist Ruben Magdala ben Abraham da Bobadilla y Toledo, kurz Ruben von Toledo. Schöne Damen und die wahren Freunde der Künste nennen mich einfach Rubinho.«

»Welche Künste pflegt Ihr denn, verehrter Ruben von Toledo?«, fragte Simon höflich.

»Ich pflege der Künste viele, bin Schriftgelehrter und Dolmetscher, Heiler und Apotheker, gar ein Musikus, wenn Ihr es wünscht.«

»Er ist ein hervorragender Künstler als Fälscher und Schmuggler«, ergänzte Arnaud de Miglos ironisch und lachte.

»Seid nicht so grausam, lieber Arnaud! Nur wenn die Fährnisse des Lebens mich dazu zwingen, setze ich meine besonderen Begabungen in diesen Bereichen ein.«

Der Bursche gefiel Simon. Obwohl höchstens Mitte Zwanzig schien er schon mit allen Wassern gewaschen zu sein.

Die Diener servierten Kapaun vom Spieß mit vielen würzigen Kräutern. Dazu stellten sie Tonschüsseln mit *Krummen Krapfen* auf den Tisch. Diese Spezialität wurde aus viel Käse, Mehl und Eiern gemacht und in heißem Schmalz ausgebacken.

»Schade dass es Fastenzeit ist, mein lieber Simon. Sonst würde ich Euch von unserem selbst erjagten Wild kosten lassen.«

»Fällt denn der Kapaun nicht auch unter die Fastenregel?«, fragte Simon verschmitzt.

»Aber, aber, lieber Simon! Ihr mögt ein wackerer Ritter sein, aber mir deucht, in anderen Dingen fehlt es Euch an Bildung. Jeder weiß doch, dass der Kapaun ein Vogel ist und kein Tier!«, lachte der Burgherr.

Simon wandte sich wieder seinem Nachbarn zu: »Was führt Euch in diesen finsteren Zeiten in unser Land?«

»Gibt es denn auch andere Zeiten?«, fragte Ruben melancholisch zurück.

»Für unser Volk gibt es seit langem nur die Finsternis. Wie sehr hofften wir vor vier Jahren auf die Ankunft des neuen Davids, die Ankunft unseres Messias. Ihr müsst wissen, dass Euer Jahr 1240 dem jüdischen Jahr 5000 entspricht und mein ganzes Volk voll freudiger Erwartung hoffte. Als wir dann vom Siegeszug der aus dem Osten heranstürmenden Krieger hörten, waren wir gewiss, es ist unser König David mit seiner glorreichen Armee, der kommt, um uns von den Christen und den Moriskos zu befreien. Die Herrschaft unseres Gottes schien zum Greifen nah. Doch es waren nur die wilden Horden der ungläubigen Mongolen. Ich fürchte, wir müssen noch einmal tausend Jahre warten und leiden.«

Alle Lebhaftigkeit und aller Witz schienen von Ruben abgefallen. Jetzt war er nur noch ein unendlich trauriger junger Mann ohne Hoffnung.

»Verzeiht meine Beharrlichkeit, doch ich glaube nicht, dass Euch die Suche nach Eurem König David hierher an diesen abgelegenen Ort führte«, lenkte Simon ein.

»Nein, natürlich nicht, da habt Ihr Recht. Ich komme gerade von Carcassonne, wo ich ein kleines, überaus seltenes Büchlein seinem neuen Besitzer, einem Rabbiner, zu liefern hatte. Nun bin ich auf der Rückreise nach Aragonien.«

Neugierig fragte Simon: »Was mag das für ein Büchlein sein, für das Ihr als Jude Euer Leben aufs Spiel setztet?«

»Ein jüdisches Buch«, sagte Ruben, der seine Fassung wiedergewonnen hatte. »Es heißt *Sefer Sohar*, was in Eurer Sprache *Buch des Glanzes* bedeutet. Man sagt, es würde alle Weisheit der Welt enthalten und unseren Glauben erneuern: Die so genannte *Kabbala*, die Überlieferung derer, die Gott geschaut haben.«

»Wenn das stimmt, würde ich auch gerne einen Blick in dieses glänzende Buch werfen«, sagte Simon neugierig und ohne Ironie.

Ruben stand auf, klopfte auf den Beutel an seinem Gürtel und brachte die Münzen darin zum Klingen. »Dieses Buch verbreitet wirklich Glanz!«

Nun lächelte er wieder. Mit neu erwachtem Appetit machte er sich über die gebratenen Fische her, die soeben aufgetragen wurden.

Fleißige Diener achteten darauf, dass die Weinbecher niemals leer wurden und dann traten die Gaukler auf. Ein Jongleur ließ seine Bälle durch die Luft wirbeln und ein Narr rannte mit einer Schweinsblase an einer Stange hin und her. Immer wieder suchte er sich unter den Tafelnden ein Opfer, das er mit der Blase anstupste, um dann lautstark einen derben Scherz über den Auserwählten zu machen. Er kam auch Simon bedenklich nahe, doch der Narr wählte den Burgherrn persönlich als Ziel seines Spotts.

»Seht den Herren von Miglos,
wie ist er heiter, wie ist er froh.
Wärmt sich an des Kamines Feuer,
doch ist's ihm nicht geheuer.
Bald schon wird das Gesicht ihm fahl,
steht er an des Katalanen Feuerpfahl.«

Simon stockte der Atem. Angespannt blickte er auf Arnaud de Miglos und erwartete dessen Reaktion auf diese Geschmacklosigkeit. Doch der Burgherr blieb erstaunlich gelassen, hob seinen Becher und prostete dem Narren zu: »Der Narr hat Recht! Das Kaminfeuer an meinem Hintern ist mir lieber als das Feuer der Inquisition unter den Füßen. Und ja, wenn ich an Ferrier denke, werde ich schon ein wenig blass. Man sagt, der Katalane wäre kein guter Umgang für unsereiner. Doch bis es so weit ist, wollen wir uns des Lebens erfreuen! Singt und trinkt! Lasst es Euch munden, meine Freunde!«

Dann setzte sich Arnaud wieder und wandte sich flüsternd an Simon: »Doch bevor ich mich dem Schändlichen und seinen Häschern ausliefere, gilt es einige Dinge in Ordnung zu bringen. Schließlich will ich mit einem Triumph von dieser Welt gehen und dem Tod lachend begegnen. Er soll meine Zähne sehen, wenn er kommt.«

Simon bewunderte den Mann, der, den Tod vor Augen, seine Zeit nutzen wollte und nicht resigniert aufgab.

»Nun habe ich Zeit für Euer Anliegen, lieber Simon. Lasst uns die Gesellschaft verlassen und einen Ort aufsuchen, an dem wir ungestört sind!«

Arnaud de Miglos erhob sich und verließ gemeinsam mit Simon die Halle durch eine kleine Tür neben dem Kamin. Der Templer folgte dem Burgherrn durch einen langen Flur und dann eine Treppe hinauf bis ins zweite Stockwerk. Vor einer Tür mit reichen Schnitzereien blieb er stehen und klopfte in einem ungewöhnlichen Rhythmus. Von innen wurde hörbar ein Schlüssel umgedreht und die Tür öffnete sich. Simon erwartete, dass Arnaud vorausging, doch dieser blieb vor der Tür stehen und bat ihn einzutreten. Leise sagte er: »Ihr solltet vorerst allein hineingehen. Ich werde hier draußen warten.«

Verwundert ging Simon in das Zimmer, in dem nur eine einzige Kerze brannte. Er hörte, wie sich hinter ihm die Tür leise wieder schloss, und während er versuchte, sich in dem spärlich erleuchteten Raum zu orientieren, hörte er eine Stimme: »Verzeih die Heimlichkeit, lieber Simon, doch die Gefahr lauert überall, selbst in diesen Mauern.«

Obwohl die Stimme sanft klang, durchzuckte sie ihn wie ein Blitz. Diese Stimme! Es war die Stimme seiner Kindheit.

»Mutter!«, rief Simon, eilte auf die Gestalt im Dunklen zu und umarmte sie.

»Mein Simon!«

Nach einer Weile löste sich Blanche de Tarascon aus der Umarmung und entzündete drei weitere Kerzen, damit sie sich sehen konnten. Sie setzte sich auf die Bank unter dem Fenster und Simon kniete vor ihr und hielt ihre Hände in den seinen.

»Welch schreckliche Zeiten, in denen eine Mutter ihren Sohn nur heimlich treffen darf«, seufzte sie.

»Wie geht es dir?«, fragt Simon leise. »Kann ich etwas für dich tun?«

»Dein Besuch bringt mir die erste Freude seit vielen Monaten. Was das andere betrifft, ich bin gut versorgt. Arnaud ist fürsorglich und mir fehlt es an nichts. Doch mein Herz ist unendlich schwer, seit mein geliebter Mann und mein Vater ermordet wurden. Nur noch ein Trost ist mir auf Erden: Dass Du lebst.«

»Bedroht Joscelin auch dich?«, fragte Simon besorgt.

»Er bedroht jeden von uns – mich, dich und jeden Verwandten, der noch lebt. Vor allem aber meinen Bruder Roger, den rechtmäßigen Erben und Grafen von Foix und Andorra. Joscelins schwarze Seele – der Widersacher möge sie holen – zittert ängstlich vor jedem, der ihm die Grafschaft streitig machen könnte. Und in seiner Angst ist er wie ein in die Enge getriebenes Raubtier, das sich auf jeden stürzt, der nur in seine Nähe kommt.«

»Er hat allen Grund, vor mir Angst zu haben!«

Simons Stimme bebte vor Wut. Nun war es seine Mutter, die ihm die Hand streichelte, um ihn wie in Kindertagen zu beruhigen.

»Was immer du vorhast, du darfst nichts überstürzen. Joscelin hat sich mit Gold und Versprechungen viele Schergen gekauft, die ihm zu Willen sind. Überall lauert Verrat und Gefahr. Selbst meine Anwesenheit hier muss geheim bleiben.«

Simon drückte ermutigend die Hände seiner Mutter und meinte dann: »Ich denke, es ist an der Zeit, dass wir Arnaud zu uns bitten. Ich bin mir sicher, der alte Fuchs hat sich schon Gedanken darüber gemacht, wie wir vorgehen sollten.«

Blanche de Tarascon erhob sich und zog Simon liebevoll nach oben. Sie nahm seinen Kopf in ihre Hände und küsste ihn auf die Wange. »Gut. Wir wollen uns mit Arnaud beraten.«

Simon öffnete die Tür und sofort trat der Burgherr ins Zimmer. Er machte eine kleine Verbeugung in Richtung Blanche, dann setzten sie sich um einen Tisch. Ohne weitere Umschweife sagte er: »Ich will Euch von meinem Plan erzählen.«

* * *

Joscelin, Graf von Foix und Andorra, kaute nervös auf seinen Fingernägeln. Sein Gast war gefährlich, denn er wusste zuviel über ihn. Auch wenn Hugues des Arcis, der Seneschall von Carcassonne, derzeit sein Verbündeter war, so wusste der Graf doch, dass sich dies sehr schnell ändern konnte. Aber der Seneschall war kein Mann, den man einfach beseitigen durfte, denn er war ein persönlicher Freund des Königs. Und wenn nur der leiseste Verdacht auf ihn, Joscelin, fallen würde, an der Beseitigung dieses Vasallen beteiligt zu sein, käme der Zorn des Regenten in Form einer ganzen Armee über ihn. Joscelin beschloss, vorerst einer Konfrontation aus dem Weg zu gehen. Aber er wollte auch nicht so einfach klein beigeben.

»Euer Krieg ist zu teuer für mich, Seneschall! Außerdem habe ich Euch durch meine Aktivitäten den Rücken frei gehalten. Warum also wollt Ihr, dass ich auch noch in Kriegsknechte investiere?«, fragte Joscelin.

»Weil ich meine eigenen Truppen zuhause brauche. Durch den Feldzug hier schleifen die Dinge in Carcassonne schon viel zu lange. Ihr braucht ja nicht selbst vor Miglos erscheinen und auch Euren Rittern will ich diese Strapazen ersparen. Sollen sie weiter bei Turnieren glänzen und die Laute schlagen, aber dafür müsst Ihr die Bezahlung der baskischen Söldner übernehmen!«, beharrte Hugues des Arcis.

»So war das aber nicht abgemacht! Ich habe Euch mit der Ermordung meines Vaters Euren mächtigsten Gegner in Okzitanien aus dem Weg geräumt. Nur durch mich hattet Ihr freie Hand in Montségur. Das sollte Euch doch Einiges wert sein!«

»Wir müssen die Sache zu Ende bringen. Miglos muss fallen, um den letzten Widerstand zu brechen. Dazu brauchen wir Söldner und Söldner kosten Geld. Wenn Ihr Euch nicht beteiligt, ist Euch Foix nicht sicher. Das garantiere ich Euch!«, drohte der Seneschall.

Joscelin wusste, wann er nachgeben musste und willigte widerstrebend ein: »Schon gut. Wie viel?«

* * *

Kurz vor Mitternacht fand sich Albrecht in Simons Zimmer ein, um gemeinsam wie verabredet die Komplet zu beten. Das Nachtgebet, das den Tag beendet, begann ritualgemäß mit dem Schuldbekenntnis:

»Ich bekenne Gott, dem Allmächtigen,
der seligen Jungfrau Maria,
dem seligen Erzengel Michael,
dem seligen Johannes dem Täufer,
den heiligen Aposteln Petrus und Paulus,
allen Heiligen und Dir, mein Bruder,
ich habe gesündigt in Gedanken, Worten und Werken
durch meine Schuld,
durch meine Schuld,
durch meine übergroße Schuld.
Darum bitte ich die selige Jungfrau Maria,
den seligen Erzengel Michael,
die heiligen Apostel Petrus und Paulus,
alle Heiligen und Dich, mein Bruder,
für mich zu beten bei Gott, unserem Herrn.«

Beim »mea culpa« schlug sich Simon so fest an die Brust, dass es schmerzte. Aufgewühlt fuhr er in der Komplet mit dem Wechselgesang des 4. Psalms fort:

»Erhöre mich, wenn ich rufe, Gott meiner Gerechtigkeit, der Du mich tröstest in Angst; sei mir gnädig und erhöre mein Gebet!«

Bevor Albrecht antwortete, brach Simon den Psalm ab.

»Entschuldige, mein Bruder, ich kann nicht mehr. Ich spüre keinen Trost und ich fühle, dass ER mich nicht erhört.«

»Fahr fort, Simon! Lass nicht ab vom Glauben!«

»Glaubst Du das wirklich noch, Albrecht? Glaubst Du, dass *wir* es sind, die so große Schuld auf uns geladen haben?«

Albrecht schüttelte kaum merklich den Kopf und Simon fuhr fort: »Was ist das für ein Heiliger Vater, der den Schlächter zu seinen Kindern schickt? Was ist das für ein Hirte, der verlorene Schafe erschlagen und verbrennen lässt? Wo war Gott, als mein Vater und mein Großvater heimtückisch ermordet wurden? Warum breitete Maria nicht ihren Mantel aus und löschte die Flammen, die Ylonda verbrannten?«

Tränen erstickten seine Stimme. Albrecht trat zu ihm und umarmte stumm seinen Freund und Bruder. Dann ging er leise aus dem Zimmer.

Als sich Simon wieder gefasst hatte, griff er nach dem Lederbeutel an seinem Gürtel und öffnete ihn. Vorsichtig nahm er die Achatschale heraus und stellte sie neben die Kerze auf die Kommode. Rittlings setzte sich der Templer auf den Stuhl davor, legte seine Unterarme auf die Lehne und stützte sein Kinn darauf. Lange verharrte er so.

»Sprich du zu mir, Gral! Bist du nicht das Gefäß, das allen Menschen Trost spendet? Mich dürstet, Gral, mich dürstet, denn ich bin wie ein Wanderer in der Wüste.«

Nachdenklich betrachtete Simon weiter die steinerne Trinkschale, der man so viele Wunderkräfte zusprach und lauschte. Doch kein Engelsgesang erschallte. Die einzige Antwort war das Schweigen der Nacht.

* * *

Früh am nächsten Morgen stiegen Simon und Albrecht auf den Bergfried, den höchsten Turm der Burg. Das Land um sie herum schien jeden Tag freundlicher zu werden, es war bereit für den Frühling. Doch Simons betrübtes Gemüt ließ sich von der hoffnungsschwangeren Natur nicht anstecken. Mit dem Rücken zur Landschaft setzte er sich in die Nische einer Schießscharte und wandte sich an Albrecht: »Alle hadern mit ihrem Gott. Die Juden, weil er ihnen wieder einmal den Messias verweigert hat. Die Muselmanen, weil ihr fürsorglicher Allah sie in der Wüste darben lässt. Und wir, weil ER zuschaut, wie wir von außen bedroht werden und uns dabei auch noch im Innern gegenseitig zerfleischen. Vielleicht ist Gott inzwischen bei den Mongolen, die ganz Asien unterwarfen und nun vor unseren Toren stehen? Vielleicht hat er uns wirklich verlassen?«

»Glaubst du, dass Gott einfach weggeht?«

»Hat ER das nicht mit den Juden so gemacht? Hatte ER nicht mit ihnen einen Bund geschlossen auf ewig? Und dann sandte ER ihnen Christus, unseren Herrn, und sie erkannten IHN nicht. Da ließ Gott sie allein und seither kümmern die Juden auf Erden. Was wäre, wenn auch wir ein Zeichen von IHM nicht erkannt haben? Vielleicht war da ein neuer Erlöser und wir haben ihn einfach totgeschlagen. Oder auf dem Scheiterhaufen verbrannt.«

»Vielleicht sind wir aber auch schon längst mitten in der Apokalypse«, wandte Albrecht ein. »Nachdem Gott die Welt in sieben Tagen geschaffen hat, lässt er sich für ihr Ende mehr Zeit. Sieben mal sieben mal sieben Jahre oder siebzig mal sieben Jahre oder 777 Jahre. Die Muselmanen und die Mongolen könnten doch die Völker Gog und Magog aus der Prophezeiung des Johannes sein und wir sind das Heer des Lichts. Ich glaube, wir sind die Auserwählten, die gegen die apokalyptischen Reiter kämpfen. Nur so ergibt es einen Sinn. Lass es so sein und begrabe deine Zweifel, Simon, wir sind immer noch die Guten! Weil uns sonst nichts bleibt!«

»Ich denke, du hast Recht mein Freund. Auch der Verrat gehört zu Gottes Plan. Selbst sein Sohn hatte einen Judas an seiner Seite. Ohne den Verräter wäre der große Plan nicht gelungen. Ich will nicht länger klagen und es annehmen, wie es ist.«

Erleichtert gingen die Kameraden die steinernen Stufen der Wendeltreppe wieder nach unten. Plötzlich hörten sie großes Geschrei und Jubelrufe. Von einem Turmfenster aus sahen sie, wie die Wachen beide Flügel des Burgtors aufrissen und eine Gruppe Reiter hereinsprengte. Ihnen folgte kurz darauf ein Karren, auf dem ein erlegter Bär lag. Immer wieder stießen die Reiter ihre Lanzen jubelnd gen Himmel. Simon erkannte, dass es Saufedern waren, jene Spieße, die halb aus Schaft und halb aus breitem Eisenblatt bestanden und die man zur Wildschweinjagd benutzte.

Die Jäger umkreisten nun auf dem Burghof im wilden Galopp den Karren mit ihrer Beute. Als Simon auf den Hof trat, konnte er sich gerade noch mit einem Sprung zur Seite vor einem heranbrausenden Pferd retten. Bei der nächsten Umkreisung der wilden Horde fiel Simon dem ungestümen Reiter in die Zügel, sodass dessen Pferd in die Höhe stieg.

»Junger Mann, mir scheint, Ihr wollt Eure Jagd hier auf der Burg fortsetzen. Glaubt Ihr wirklich, dass ich eine ruhmreiche Beute für Euch bin?«

Der Jäger beruhigte sein tänzelndes Pferd und wandte sich Simon zu.

Dieser erkannte erstaunt, dass der Reiter eine junge Frau war.

Sie lachte, die Wangen immer noch vom Jagdfieber und dem Triumph gerötet: »Verzeiht, edler Fremder. Mein ungestümer Ritt rührt noch meiner übergroßen Freude über das Erlegen der Bestie. Ich bin die Tochter des Burgherrn. Mein Name ist Blanche de Miglos. Und wer ist es, der mir so beherzt in die Zügel fiel?«

»Verzeiht mein Eingreifen, edle Dame. Ich bin Simon de Tarascon, ein Gast Eures geschätzten Vaters.«

Die Reiterin sprang sofort vom Rücken ihres Pferdes und reichte Simon die Hand. »Simon, mein Patenbruder! Endlich lerne ich dich kennen!«

»Patenbruder? Ich, Ihr, äh dein Patenbruder?«, stammelte Simon.

»Ja! Dein Vater ist, verzeih, war mein Gevatter und deine Mutter ist meine Gevatterin. Wir sind Patengeschwister. Die Gevatterin erzählte mir oft von ihrem Sohn, der ein Templer im Heiligen Land ist. Ich freue mich, dich endlich kennenzulernen!«

»Die Freude ist ganz meinerseits«, erwiderte Simon, wie immer etwas unsicher. Er war es nicht mehr gewohnt, sich mit Verwandten zu unterhalten, vor allem nicht mit weiblichen.

Doch bevor er die Neuigkeit verdauen konnte, nahm ihn Blanche an der Hand und zog ihn zum Karren.

»Diese Bestie machte seit Wochen unsere Gegend unsicher. Zuerst riss der Bär nur ein paar Schafe, aber vor fünf Tagen fiel er in Arquizat ein Mädchen beim Gänsehüten an. Die Kleine sollte Ostern ihre Erstkommunion feiern, doch nun ist sie tot. Er hat nicht viel von ihr übrig gelassen, was man beerdigen konnte.«

Simon entzog sich unmerklich dem Griff von Blanche, ging langsam um den Karren herum und betrachtete den Bären. Blanche setzte ihren sprudelnden Redefluss fort: »Der Winter hat ihn sicher in die Dörfer getrieben, weil er oben in den Bergen kein Futter mehr fand.«

Simon schüttelte leicht den Kopf. »Nein, es war nicht der Winter, der ihn in die Dörfer trieb. Der Bär war noch jung, höchstens zwei Jahre alt. Seine Mutter war es, die ihn vertrieb. Er war unterwegs, sich ein eigenes Revier zu suchen. Das brachte ihn in die Nähe von Menschen und dort entdeckte er, dass die Nähe zu Menschen einen immerwährenden Vorrat an Futter bedeutet. Ob Schaf oder Kind, das war ihm egal.«

»Der reißt nichts und niemanden mehr!«, sagte Blanche triumphierend. »Wir haben einen Bärenfang gebaut und er ist prompt in die Falle getappt. Dann haben wir dem Übeltäter mit unseren Saufedern den Garaus gemacht!«

»Ich hoffe, ihr habt im Überschwang sein Fell nicht zu sehr zerfetzt, damit der Bär dir wenigstens als Decke dienen kann«, bemerkte Simon.

»Das ist ein guter Vorschlag, Simon. Eigentlich wollte ich ihn ausstopfen lassen und meinem Vater schenken. Aber der Bär ist noch nicht groß genug, um im Rittersaal die Gäste zu beeindrucken. Soll er mich lieber im nächsten Winter wärmen!«

Dann gab Blanche den übrigen Reitern Anweisungen, die Pferde zu versorgen und den Bären wegzuschaffen. Man merkte, dass diese es gewohnt waren, von der jungen Frau Befehle entgegenzunehmen. Simon war irritiert von Blanches resoluter Art. Die Frauen, die er bisher kennen gelernt hatte, waren ganz anders. Entweder damenhaft zurückhaltend wie seine Mutter oder sanft im Hintergrund wirkend wie Ylonda. Blanche trat eher wie ein junger Adliger auf, energisch und selbstbewusst. Es schien so, als hätte sich Arnaud de Miglos einen Sohn gewünscht und deshalb seine Tochter so erzogen, als wäre sie ein Junge.

* * *

Die mächtige Burg von Foix ragte trutzig in den Abendhimmel. Hoch thronte sie auf einem Felsen und ihre Schatten fielen nicht nur im übertragenen Sinn auf die Stadt darunter. An ihrem südlichen Rand war im Lauf des zu Ende gehenden Tages ein buntes Lager entstanden. Der Tross umfasste ein paar hundert Söldner, die »*Hunde des Krieges*«, Frauen mit ihren Kindern und Lasttiere. Die Zelte waren aufgebaut, das Tagwerk vollbracht und die Menschen freuten sich, dass sie außerhalb der Mauern einen friedlichen Platz gefunden hatten und diese nicht belagern mussten. Diesmal war man Gast, so sagten die Anführer jedenfalls.

Mikel Laboa, der Kommandant der »*Baskischen Hunde*«, stritt in seinem Zelt mit dem Wundarzt.

»Der Arm bleibt dran!«, befahl Laboa entschieden.

Der Arzt Pedro Aranxoa sah nochmals auf den verwundeten Schwertarm des Söldnerführers und zog seine rechte Braue hoch.

»Du riskierst Wundbrand und damit dein Leben! Wenn du wenigstens ein paar Tage still halten würdest. Aber du rennst den ganzen Tag herum und wie ich dich kenne, stürzt du dich mit diesem Arm bald wieder in die nächste Schlacht.«

»Ich habe schon öfter etwas abbekommen, es wird mich auch diesmal nicht umbringen. Schmier noch etwas Salbe darauf und ich verspreche dir, heute Nacht auch ganz ruhig liegen zu bleiben. Das muss vorerst reichen!«

»Heute Nacht binde ich dir den Arm an den Körper, damit er ruhig gestellt ist. Wenn du morgen den Grafen triffst, wirst du bestimmt wieder wie wild damit herumfuchteln. Ich kenne dich und dein Temperament. So! Und jetzt leg dich hin, damit ich den Arm stilllegen kann!«

* * *

Zwei Wochen waren sie nun schon auf Miglos und Simon wurde langsam unruhig. Die Personen, die für Arnauds Plan vorgesehen waren, ließen immer noch auf sich warten. Der Templer vertrieb sich viel Zeit mit Gesprächen mit Rubinho, der sich als vielseitig gebildet erwies und wirklich über außergewöhnliche Talente verfügte. Ab und zu kreuzte auch Blanche seinen Weg, immer in Eile, immer unterwegs nach irgendwo, weil sie wieder etwas ganz Wichtiges zu verrichten hatte. Stets lief sie in Männerkleidung herum und erteilte den Bediensteten Befehle. Am schönsten waren für Simon die abendlichen Besuche nach dem Nachtmahl bei seiner Mutter. Sie redeten nicht viel miteinander, waren einfach füreinander da und genossen das Zusammensein.

Endlich öffneten sich die Burgtore für Pierre-Roger de Mirepoix und Jean de Lantar. Sie waren die beiden Figuren, die im Spiel gegen Joscelin noch fehlten. Sofort brachte man die Neuankömmlinge zu Arnaud de Miglos. Auch Simon und seine Begleiter wurden von einem Pagen gebeten, an der Versammlung teilzunehmen. Das Treffen fand im Rittersaal statt, der sich über der großen Halle befand. Simon ließ seinen Blick über die Gesichter der Anwesenden schweifen und wunderte sich über die Gegenwart dreier Personen, die er in dieser Runde nicht erwartet hatte: Ruben von Toledo, Blanche de Miglos und der Narr, der beim Nachtmahl des ersten Abends den Burgherrn so provoziert hatte.

Arnaud erhob sich und das Murmeln im Saal verstummte.

»Ich grüße Euch, Pierre-Roger de Mirepoix und Euren Adjutanten Jean de Lantar. Ich hoffe, Eure Verspätung ist kein schlechtes Omen. Seid versichert, es ist niemand unter uns, der nicht treu zu unserer Sache steht. Selbst mein aufmüpfiger Hofnarr vermag es, den Mund zu halten, wenn es notwendig ist. Ich stelle Euch Drogos de Merlon vor, den frechsten Possenreißer Okzitaniens, der einst den Ritterhelm gegen die Narrenkappe tauschte und das Schwert gegen den Schweinsblasenstab, der nun sein Ehrenzeichen ist. Des Weiteren stelle ich Euch Ruben von Toledo vor, einen Mann, der viele Sprachen spricht und über Talente verfügt, die uns von Nutzen sein können. Doch nun lasst uns zur Sache kommen, die Zeit drängt!«

* * *

»Warum sollte ich einem Haufen Vaganten, die von einem Krüppel angeführt werden, so viel bezahlen?«, fragte Joscelin voller Verachtung.

»So wie Ihr daherredet, seid Ihr noch nie in einer Schlacht verwundet worden. Vielleicht bevorzugt Ihr es ja auch, nach der Art der Khane der Mongolen abseits auf einem sicheren Hügel den Kampf zu beobachten, statt Euren Männern tapfer voranzugehen«, entgegnete Mikel Laboa sichtlich wütend.

»Ihr wagt es ...!«

Der Graf von Foix brach ab. Er wusste, dass der Baske Recht hatte. Weder war er jemals in einem Kampf verwundet worden, noch legte er Wert darauf, an der Spitze irgendwelcher Männer in eine Schlacht zu reiten. Ihm war es egal, was der Söldnerführer von ihm dachte, Hauptsache er ließ sich im Preis drücken. Deshalb versuchte er sachlich zu argumentieren.

»Seht, Ihr habt in Montségur ein Drittel Eurer Männer verloren. Ihr könnt von mir unmöglich den gleichen Preis verlangen, den Euch der Seneschall für Eure ursprüngliche, vollständige Truppe gab.«

»Der Preis für meine Einheit ist stets der gleiche, und sollten nur noch zehn Mann übrig sein!«, erwiderte Mikel Laboa trotzig. »Wir werden für unsere besonderen Leistungen bezahlt, und von dem Geld leben nicht nur meine Männer, sondern auch all ihre Familien.«

»Wer bin ich denn, dass ich baskische Witwen und Waisen durchfüttere? Ich bezahle nur das, was ich bekomme. Ein Drittel weniger Männer heißt ein Drittel weniger Geld. Ende der Diskussion! Wenn Euch das nicht passt, könnt Ihr bei Sonnenaufgang Eure Zelte abbrechen und in Eure Heimat zurückkehren.«

Mikel Laboa kochte vor Wut. Der Schmerz in seinem Arm tobte noch mehr als in den letzten Tagen und er wäre dem Grafen am liebsten an die Gurgel gegangen. Doch er wusste, seine Leute waren auf das Geld angewiesen, auch wenn es weniger als erwartet sein würde. Zähneknirschend willigte er ein: »Aber nur unter der Bedingung, dass Ihr die Hälfte des Soldes im Voraus bezahlt und wir freie Verpflegung erhalten.«

Ohne weiteres Feilschen stimmte Joscelin de Foix zu,

denn er hatte nicht vor, jemals die andere Hälfte zu bezahlen.

***

»So lange Joscelin wie ein Fuchs in seinem Bau hockt, kommen wir nicht an ihn heran!«, sagte Arnaud de Miglos ungeduldig. »Wir müssen ihm eine Laus in den Pelz setzen.«

»Das wird nicht so einfach sein. Joscelin ist misstrauisch und seine Angst wird nur von seiner Grausamkeit übertroffen«, entgegnete de Mirepoix.

»Es muss jemand sein, den er nicht kennt, den er aber trotzdem an sich heran lässt.«

»Wen würde er in seiner Nähe dulden?«, fragte Simon.

»Einen Narren«, warf Drogos ein.

»Oder einen Verräter«, ergänzte Jean de Lantar.

»Vielleicht schätzt der Graf auch einen fantasiebegabten Schreiber, der ihm Besitzurkunden für Burgen und Dörfer erstellt, von denen er bisher noch gar nicht wusste, dass sie eigentlich ihm gehören?«, mischte sich nun auch Ruben ein.

»Halt! Haltet ein!«, rief Arnaud. »Wenn ihr so weiter macht, findet ihr für jeden von uns einen Grund nach Foix zu reiten. Doch die Idee, einen Spion in seiner Nähe zu platzieren, gefällt mir.«

»Zwei Spione sind besser als einer! Wir brauchen eine zweite Option, falls einer enttarnt wird«, schlug Drogos vor.

»Für einen Menschen wie Joscelin ist Verrat etwas ganz Selbstverständliches, deshalb wird es für ihn normal sein, wenn mein Adjutant Jean gegen klingende Münze bereit ist, ihm zu Diensten zu sein«, sagte Pierre-Roger de Mirepoix.

»Und der Graf liebt die Zerstreuung. Ein guter Possenreißer ist ihm in seiner jetzigen Lage sicher willkommen. Wer schöpft schon bei einem dummen Narren Verdacht, der albern herumhüpft, dabei aber alles hört, was gesprochen wird? Ihr seht, ihr müsst mich ausschicken!«

»Seine Gier wird meine Fertigkeiten zu schätzen wissen«, argumentierte nun auch Ruben für seinen Einsatz, doch Arnaud unterbrach ihn.

»Es genügt, wenn zwei von uns ihr Leben aufs Spiel setzen! Jean und Drogos reiten unabhängig voneinander nach Foix. Jean macht sich morgen auf den Weg, Drogos eine Woche später am Tag nach dem Osterfest!«

Damit war die Sache entschieden. Das Spiel war eröffnet.

Nach dem Treffen der Verschwörer schlenderten Simon und Blanche auf dem Burghof.

»Was veranlasste eeinen werten Vater, dich in die Sache hineinzuziehen, liebe Patenschwester?«

»Er bezieht mich in wichtige Angelegenheiten immer mit ein. Ich bin schließlich sein einziges Kind. Meine Mutter starb bei meiner Geburt und deshalb bin ich die Erbin von Miglos. Und in diesem Sinne hat er mich auch erzogen: Als Ratgeberin, als Trostspenderin und als Kämpferin, wenn es sein muss.«

»Das ist, äh, eher etwas ungewöhnlich, findest du nicht?«

Die Art von Blanche verwirrte Simon mehr denn je. Eine Frau als Ratgeberin und Trostspenderin, das mochte ja angehen, das war seine Mutter seinem Vater auch immer gewesen, aber als Kämpferin? Das war für ihn unvorstellbar.

»Mein Vater ließ mir die gleiche Ausbildung angedeihen wie einem Knaben. Reiten und der Umgang mit Waffen gehörten ebenso dazu wie das Lesen und Schreiben. Glaubst du wirklich, nur Männer können so etwas?«

Sie lachte und Simon spürte, dass seine Antwort auf ihre Frage für ihre weitere Beziehung sehr wichtig war. Er mochte Blanche und ein Widerspruch könnte ihr Verhältnis trüben, was er auf keinen Fall wollte. Wenn er ganz ehrlich zu sich war, übte diese starke, selbstbewusste Frau eine gewisse Faszination auf ihn aus, auch wenn ihr Verhalten das Gegenteil von dem war, was er von Frauen erwartete.

»Sicher können Frauen auch sehr vieles. Lesen und Schreiben finde ich für alle Menschen wichtig. Aber der Krieg dünkt mir nicht der rechte Ort für ein Weib zu sein. Natürlich hörte auch ich schon von den kriegerischen Amazonen, doch das ist wohl mehr ein orientalisches Märchen, das sich die Beduinen am Lagerfeuer erzählen. Ein Schwert in der Hand einer Frau scheint mir unpassend, Frauen sollen Leben schenken, nicht nehmen.«

»Ich werde dich an diesen Satz erinnern, mein lieber Patenbruder, wenn eines Tages der Feind die Klinge an deine Kehle hält und nur ich und mein Schwert zwischen dir und dem Tod stehen.«

Diese starken Worte von Blanche ließen Simon dann doch verstummen. So sprach keine Frau, das war die Sprache eines Kriegers.

Am nächsten Tag saßen Simon und Ruben von Toledo auf der Burgmauer und blickten auf das Treiben im Dorf.

»Erzähl mir von deiner Heimat, Rubinho!«, ermunterte Simon den neu gewonnenen Freund.

»Sofern ein Jude im Abendland überhaupt eine Heimat haben kann, ist die meine im Kalifat Granada. Meine Vorfahren stammen aus Kastilien, aus der schönen Stadt Toledo, deshalb auch der Zusatz in meinem Namen. Aber dort machte man es uns Juden immer schwerer, man schrieb uns vor, wie wir uns zu kleiden hatten und bedachte uns mit einer Steuer nach der anderen. Deshalb zog mein Großvater in den Süden in ein kleines Dorf namens Bobadilla in der Nähe von Malaga. Die Moriskos, wie wir die Mauren nennen, mischten sich nicht in unsere Angelegenheiten.«

»Ich habe das friedliche Zusammenleben von Menschen unterschiedlicher Religionen im Heiligen Land erlebt. So lange die Herrschenden sie nicht gegeneinander aufhetzen, scheinen sich die Leute für Differenzen in Glaubensfragen herzlich wenig zu interessieren«, warf Simon ein.

»Ja, die Moriskos haben durchaus ihre Vorteile. Sie sind nicht so engstirnig wie die Christen, mit Verlaub. Wissenschaft und Künste gelten ihnen viel und ihre Bibliotheken sind wahre Schatzkammern. Wochenlang habe ich mich darin verkrochen. Und was ich aus den Büchern nicht erfahren konnte, lehrten mich die Schreibstuben und die Gassen von Granada.«

»Die Straße ist ein guter Lehrmeister«, bestätigte Simon. »Sie ist das Leben, nicht sein Abbild.«

»Dort lernte ich, wie man in einer Menschenmenge unsichtbar wird, wie man schmeichelt und droht, wie man mit nichts als den Kleidern am Leib überleben kann und viele hilfreiche Dinge mehr.«

»Die besten Voraussetzungen für einen erfolgreichen Schmuggler.«

Simon lachte. Er hatte das Gefühl, dass ihm Rubinho noch von großem Nutzen sein würde.

* * *

Am frühen Morgen des letzten Märztages bat Blanche Simon, sie bei einem Ausflug zu begleiten. »Saufeder oder

Pfeil und Bogen?«, fragte der Templer halb im Scherz. »Keine Jagd heute. Es genügt, wenn du dein Schwert bei dir hast.« Die Patentochter seiner Mutter schien Simon heute ernster zu sein als sonst. »Ob es wohl am morgigen Karfreitag liegt?«, fragte er sich und gab sich in Gedanken sofort die Antwort: Nein! Blanches Melancholie musste eine andere Ursache haben.

Sie ritten eine Weile schweigend nebeneinander her, dann führte der Pfad in einen dunklen Wald und wurde so eng, dass er nur Platz für ein Pferd bot, sodass Simon nun hinter Blanche ritt. Nach kurzer Zeit erreichten sie einen dunklen See. Sein Ende verschwand im Dunst, der Morgennebel hing zum Teil noch zwischen den Bäumen. An den wenigen Stellen, die von der Morgensonne erreicht wurden, glänzte das Wasser schwarz. Wortlos stieg Blanche vom Pferd und band es an einen Baum, Simon folgte ihrem Beispiel. Sie nahm ihn an der Hand und führte ihn ganz nah ans Ufer, wo sie auf eine Stelle unweit von den beiden deutete. »Dort, so sagt man, erscheint sie. Wenn die Richtigen an diesen Ort kommen, soll sie sogar zu ihnen sprechen.«

»Wer erscheint?« Simon war verwirrt.

»Esclarmonde de Foix, die Grande Dame der Katharer.«

Natürlich hatte Simon schon von dieser Frau gehört. Sie war wohl eine Urgroßtante, aber vor allem war sie die bedeutendste Fürsprecherin und Heldin der Katharer. Ihr okzitanischer Name bedeutete »Licht der Welt«. Sie war es, die den Ausbau von Montségur zur Festung empfahl, die ein katharisches Konvent zur Erziehung junger Mädchen in den Pyrenäen betrieb, und vor allem war sie es, die den Abgesandten des Papstes widersprach. Sie war Wortführerin der Katharer bei dem letzten friedlichen Disput mit der katholischen Kirche in Pamiers. Als sie dabei das Wort erhob, wurde sie von Domingo de Guzmán zum Schweigen angehalten und ans Spinnrad verwiesen, da es ihr als Frau nicht anstehe, zu Klerikern in einem theologischen Disput zu sprechen. Danach gab es keine Gespräche mehr und ein Jahr später hatte Papst Innozenz III. zum Albigenserkreuzzug aufgerufen, der Anfang vom Ende der Katharer, das nun nahe war.

Aus dem See stiegen hörbar große Blasen auf. Simon und Blanche erschraken und er legte schützend den Arm um sie. Der Nebel waberte, schien sich zu bewegen, formte eine Gestalt.

»Bleib ruhig«, forderte Simon leise, »es ist eine Sinnestäuschung. Dort ist niemand.«

»Ich weiß es. Und doch spüre ich etwas«, flüsterte Blanche. »Es ist auf einmal so kalt.«

Eine leichte Brise kam auf, kaum spürbar, doch ausreichend, den Dunst und den Nebel und die scheinbare Spukgestalt zu vertreiben. Nach kurzer Zeit bot die Natur ein gänzlich anderes Bild. Der See glänzte nun wie eine große schwarze Träne inmitten des Waldes. Ein wahrhaft bedrückender Platz, ein Ort, um sich seiner Trauer hinzugeben. Aber das wollte Simon nicht. Er griff Blanches Hand und zog sie zu den Pferden. Sie leistete keinen Widerstand. »Es ist gut, sich zu erinnern und derer zu gedenken, die vor uns gekämpft haben. Aber bei aller Trauer, nur der klare Verstand hilft uns zu überleben oder gar zu siegen. Lass uns das Gedenken an Esclarmonde bewahren, aber als Licht, nicht als nebelhafter Geist!«

* * *

Nach dem Karfreitagsgottesdienst wartete Simon in der Burgkapelle bis alle anderen gegangen waren. Dann nahm er den Gral aus dem Beutel an seinem Gürtel, stellte ihn auf den Altar und kniete davor nieder. Beim stummen Gebet ließ er ihn nicht aus den Augen. In seinem Kopf kreisten immer die gleichen Gedanken. »Heute ist der Tag, an dem sein Blut für uns gegeben wurde. Der Tag, an dem das symbolische Blut des Abendmahls sich zum wahren Blut am Kreuz wandelte. Und es aufgefangen wurde in diesem Gefäß, dem Gral.«

Simon sah das Kreuz vor sich, auf Golgatha, dem Berg in Jerusalem, auf dem er selbst gestanden hatte. Lange vor dem heutigen Karfreitag, es kam ihm vor, wie in einem anderen Leben.

»Herr, ich bitte dich, gib mir ein Zeichen!«

Wie sehr er doch hoffte, auf die weiße Taube mit der Hostie im Schnabel, die sich auf dem Gral niederlässt. Wie einst die Taube des Noah, die ihm nach der Sintflut den Olivenzweig brachte. Er hoffte so sehr, dass diese Sintflut von Kriegen und Grausamkeiten nun ein Ende finden würde. Simon sehnte sich nach einem Regenbogen.

Irgendwann verstaute er den Gral wieder in seinem Beutel, er hatte jedes Gefühl für die Zeit verloren. Aber sein Magen sagte ihm, dass die Mittagsstunde schon vorbei war. Da er das Mahl mit Arnaud de Miglos, Blanche und den anderen verpasst hatte, strebte er zum Wirtshaus in der Vorburg. Die Küche dort bot sicher noch einen gut gewürzten Fisch zur Feier des Tages.

Als er sich dem Lokal näherte, hörte er lautes Rufen: »Auch Jesus war ein Sünder! Kein Erlöser, nur Verkünder! Auch Jesus war ein Sünder! Kein Erlöser, nur Verkünder!« Nach kurzer Ruhe hörte er wütende Rufe »Irrgläubige!«, »Hostienschänder!«, »Ketzer!«

Als Simon die Wirtsstube betrat, standen die Katharer und die katholischen Dörfler kurz davor, sich gegenseitig an die Gurgel zu gehen. »Haltet ein!«, schrie er. »Seid ihr denn alle von Sinnen? Ihr, die ihr euch rechtgläubige Christen nennt: Euer Herr hängt am Kreuz. Für euch, für eure Sünden, während deren Vergebung ihr schon wieder neue begeht! Schämt euch!«

Dann wandte er sich an die Katharer: »Was habt ihr gegen einen Verkünder? War nicht eure geliebte Esclarmonde de Foix eine Verkünderin? Ziemt es sich vielleicht, sie zu schmähen?« Dann sprach er zu allen: »Es gibt genug Leid auf Erden. Warum wollt ihr dann auch noch anderen Menschen die Erde zur Hölle machen? Hockt euch zusammen und trauert um die, die euch am Herzen lagen und nicht mehr bei uns sind. Gerade heute! Es ist noch nicht lange her, da sind zweihundertundfünf anständige Menschen am Fuße des Montségur verbrannt worden, nur weil sie anders selig werden wollten als die Mächtigen. Gedenkt ihrer, egal was ihr glaubt. Es waren hilflose Menschlein wie ihr. Betet, betet zu wem ihr wollt, aber betet dafür, dass euch nicht morgen jemand verbrennt, weil es ihm nicht gefällt, zu wem und wie ihr betet.«

Dann ging er zum Wirt und forderte: »Gebt mir einen Fisch, einen möglichst großen!«

* * *

Nach dem Essen suchte Simon das Quartier von Rubinho auf. Für diesen war Ostern kein Grund zur Freude, da die Menschen in ihm einen Christusmörder sahen, auch wenn sie es nicht sagten. Er wusste nicht, wie er mit der Situation umgehen sollte. Missmutig fragte er Simon: »Hast du auch für mich sturen Juden gebetet, auf dass ich der Finsternis entrissen werde?«

»Ja, ich habe für dich gebetet, mein Freund. Aber meine Fürbitten beschränken sich auf Leib und Leben derer, die mir am Herzen liegen, für ihren Glauben und ihr Seelenheil müssen sie schon selbst sorgen.«

»Klingt vernünftig, danke. Weißt du, für mich ist Ostern immer eine sehr traurige Zeit. Mein Vater wurde bei einem Karfreitagspogrom getötet. Unsere Landesherren, die Moriskos, denen wir Schutzgeld bezahlten, haben dabei aus sicherem Abstand zugesehen.«

»Ich verstehe deinen Schmerz mein Freund. Auch ich kämpfe jeden Tag gegen die Geister der Vergangenheit. Doch lass uns über die Zukunft reden!«

»Nur zu! Ist es so weit? Ich bin bereit!«

»Ja, ich will morgen nach Foix aufbrechen.«

»Soll ich dich doch begleiten?«, fragte Rubinho hoffnungsvoll.

»Nein, mein Bester, aber ich brauche deine Hilfe. Ich bin der derzeitige Bewahrer zweier sehr bedeutungsvoller Gegenstände«, sagte Simon.

»Du machst mich neugierig, was ist es?«

»Zwei Dinge sind es. Das eine ist von unermesslicher Heiligkeit, das andere von ungeheurer politischer Brisanz. Du weißt, was der Gral ist?«

»Nur ein Narr weiß das nicht!«, entgegnete Rubinho mit gespielter Empörung. »Sag! Hast du ihn wirklich? Bist du sicher, dass es der wahre Kelch ist?«

»Ja, ich bin sicher!«

»Darf ich ihn sehen?«

Wortlos nahm Simon die heilige Trinkschale aus dem Lederbeutel an seinem Gürtel und stellte sie auf den Tisch.

Rubinho beugte sich vor, bis sein Gesicht nur noch eine Handbreit vor dem Gral war, dann ging er und beäugte ihn von allen Seiten.

»Du scheinst wirklich Experte zu sein«, scherzte Simon.

»Bin ich! Aber nicht für den Gral, sondern für Betrug. Ich kann ihn riechen. Betrug stinkt. Die Schale stinkt nicht.«

»Dann bitte ich dich um eine zweite Riechprobe, mein Freund.«

Mit diesen Worten legte er den Lederköcher mit den Merowinger-Dokumenten auf den Tisch.

»Ich bin lange genug in diesem Geschäft, mein Bester. Selbst ohne meine berühmte untrügliche Nase kann ich dir jetzt schon sagen, worum es geht: Um Abstammung und Besitzrechte.«

»Gerochen?«

»Nein, kombiniert. Da das Schwert Excalibur von König Artus nicht in diesen Köcher passt, kann es sich nur um Dokumente handeln. Also, worum geht es? Gehört Frankreich in Wirklichkeit dir?«

Simon lachte. Der Freund hatte seine schlechte Stimmung endgültig vertrieben.

»Nein, nicht mir, aber doch jemand anderem, als dem, der sich derzeit König nennt.«

»Dann weiß ich genug. In diesem Köcher ist das Todesurteil für den, der ihn bei sich hat. Hundert Mörder warten auf ihn. Ich vermute, du willst ihn mir aufhalsen?«

»Du bist wirklich klug! Ja, diesen Köcher und den Gral sollst du für mich aufbewahren. Ein so gewiefter Gauner, der ein heiliges jüdisches Buch durch ein Land von Muselmanen und ein anderes Land voll von sich bekämpfenden Christen geschmuggelt hat, ist genau der Richtige für diese Aufgabe.«

»Ich danke für dein Vertrauen. Ich befürchtete schon, für mich wäre kein Platz in diesem Abenteuer. Doch nun sag mir, was soll ich machen, falls du, wovor der Allmächtige uns bewahren mag, nicht zurückkehrst?«

»In diesem Fall bitte ich dich, die beiden Gegenstände nach Paris zu bringen, in das Hauptquartier meines Ordens, den Enclos du Temple. Der Leiter der Bibliothek ist ein gewisser Bruder Martin Craque. Er ist absolut zuverlässig, vertrauenswürdig und sehr weise. Sag ihm, es sei mein letzter Wille gewesen, dass er diese Dinge erhält. Ich lege die Entscheidung darüber, wie es damit weitergehen soll in seine Hände.«

»Gut. Ich werde es genauso machen, versprochen!«, sagte Rubinho feierlich.

»Falls ich meinen Besuch in Foix überleben sollte, dann bitte ich dich, mich nach Paris zu begleiten. Ich hoffe doch, dass wir beide gemeinsam Bruder Martin aufsuchen können.«

* * *

Zwei Tage später beim Nachtmahl war die Runde um den Burgherrn merklich kleiner geworden. Jean de Lantar und Drogos de Merlon waren unabhängig auf verschiedenen Wegen und zeitversetzt aufgebrochen. Man wollte kein Risiko eingehen, dass sie jemand zwischen Miglos und Foix zusammen sah. Simon informierte Arnaud de Miglos, dass nun Rubinho der Verwahrer von Gral und Dokumenten war und er sich deshalb aus allen gefährlichen Aktivitäten heraushalten musste. Albrecht und Veit hatten die Burg am frühen Nachmittag verlassen. Sie sollten in die Truppe von Mikel Laboa eintreten und versuchen, den Söldnerführer auf ihre Seite zu ziehen. Die immer noch gut gefüllten Geldtruhen der Vertreter des rechtmäßigen Erben von Foix sollten dabei ein zugkräftiges Argument sein. Vor allem weil inzwischen jeder die Zahlungsmoral, besser wohl Zahlungsunmoral von Joscelin kannte.

Einen Tag nach Simons Aufbruch wollte dann de Mirepoix mit seinen Leuten ebenfalls Richtung Foix aufbrechen. Sie sollten sich bei ihrer Annäherung an die Stadt möglichst auffällig verhalten, um Joscelin in Unruhe zu versetzen. Man hoffte, diese würde den größten Teil seiner Aufmerksamkeit fesseln.

Am Abend verabschiedete sich Blanche von Simon mit einem sanften Händedruck. Ihre Traurigkeit über den Abschied war ihr deutlich anzusehen. Als alle gegangen waren, fragte der Graf den Templer, wie er gedenke, seinen Onkel zu besiegen.

»Ehrlich gesagt, ich weiß es noch nicht«, antwortete dieser.

»Vielleicht solltest du ganz naiv als ahnungsloser Neffe kommen? Frisch aus dem Heiligen Land, weil du vom Tod deines Vaters hörtest und nun die Mutter trösten und den Nachlass regeln willst. Er wird dir nicht sofort an die Kehle gehen, sondern sondieren, ob du ihm nützlich sein kannst.«

»Soweit deckt sich das mit meinem Plan.«

»Wenn sein erstes Misstrauen verflogen ist, kannst du ja mit ihm zur Jagd reiten. Die Jagd und der Tod gehören immer zusammen. Es wäre eine gute Gelegenheit, Simon.«

»Aber nicht aus dem Hinterhalt! Ich will ihm dabei in die Augen sehen.«

»Verzichte auf schmückende dramatische Details, junger Freund!«, warnte Arnaud. »Sie könnten dich um den entscheidenden Vorteil bringen, wenn es darauf ankommt, wer zuerst zustößt. Besser ein treffsicherer namenloser Pfeil, als der von einem ehrenvollen Namen geführte Schwertstreich, der im Pathos daneben geht.«

Dem konnte Simon nur zustimmen.

Am nächsten Morgen verließ er Miglos mit dem Ziel Foix.

* * *

3. Kapitel: Foix – Die Rache

Joscelin de Foix betrachtete unbehaglich seinen neuen Gast.

»Warum sollte ich Euch trauen, Jean de Lantar? Eure Großmutter, die Marquésia, ist immer noch die Grande Dame der Ketzer.«

»Schert Ihr Euch darum, was Eure Großmutter denkt oder sagt, Graf?«

»Gut gekontert! Aber man sagt, Ihr seid Pierre-Roger de Mirepoix treu ergeben und das nicht nur des Geldes wegen. Nennt mir einen guten Grund, der mich von Eurem Verrat überzeugt!«

»Wenn ich Euch sage, dass man mich zu Euch schickte, um den Verräter zu *spielen*, ich mich aber entschied, wirklich einer zu sein?«

»Oh, ein doppeltes Spiel! Das gefällt mir, fürwahr! Eine wunderbare Gelegenheit, meinen Feinden eine Falle zu stellen, wenn Ihr sie mit den Informationen versorgt, die sie bekommen sollen. Und Euer Preis, Jean de Lantar?«

»Er wird meiner Leistung angemessen sein. Gebt mir die Burg Miglos zum Lehen und die Tochter Arnauds zur Frau. Das scheint mir der rechte Lohn für meine Mühen.«

»Ich verstehe. Ihr wollt nur das, was ich durch Euch erlange. Immerhin muss ich dafür nicht in meine Truhe greifen. So sei es, der Handel ist perfekt!«

Während sich in der Burg Joscelin de Foix über seinen neuen Verbündeten freute, herrschte im Lager der Basken vor den Mauern der Stadt höchste Anspannung. Die Kaufleute von Foix weigerten sich nämlich, die vereinbarten Lebensmittel kostenlos zu liefern. Sie beriefen sich darauf, dass die Söldner Bedienstete des Grafen und nicht der Stadt seien und sie daher keinerlei Verpflichtungen hätten. Ohne Bargeld würden die Städter kein einziges Huhn an die Basken abgeben.

Mikel Laboa tobte. Er wollte umgehend mit Joscelin sprechen, doch die Torwächter der Burg wiesen den Söldnerhauptmann ab. Der Graf sei wegen wichtiger Staatsgeschäfte unabkömmlich und dürfe auf keinen Fall gestört werden. Derweil murrten die Basken und drohten, sich zu nehmen, was sie brauchten. Laboa blieb nichts anderes übrig, als seinen Leuten Geld aus dem Vorschuss von Joscelin zu geben und sie anzuweisen, die Lebensmittel vorerst zu bezahlen. Der Sold, den man ihnen für die Belagerung von Montségur bezahlt hatte, war längst über geheime Pfade durch die Pyrenäen in die Heimat gebracht worden.

Mikel Laboa verfluchte zum wiederholten Mal Joscelin und schwor sich, dass er ihm sein Verhalten heimzahlen würde.

* * *

Bis zu Simons Eintritt in den Templerorden war die Burg von Foix seine Heimat gewesen. Es wurde ihm warm ums Herz beim Anblick des trutzigen Bauwerks auf dem Felsen, der den Zusammenfluss des Arget und der Ariège beherrscht. Dahinter ragte die monumentale Kulisse der Pyrenäen auf, unten am Fuße des Burgfelsens glänzten die weiß gekalkten Häuser und die Abtei Saint Volusien.

Simon klopfte an die Pforte und man empfing ihn herzlich. Der Abt Bruder Martin de Gordo begrüßte ihn persönlich und bot ihm an, so lange in der Abtei zu bleiben, wie ihm beliebte.

»Ich danke dir, mein Bruder. Ein Abendessen und ein Lager für die Nacht wären ein großes Geschenk für mich«, antwortete er auf die Einladung des Abtes.

»Es freut mich, dass du in diesen Zeiten zu uns gekommen bist. Vielleicht ist es ein Zeichen, dass sich die Dinge wenden mögen. Du weißt, in Foix steht es nicht zum Besten.«

»Das ist der Grund meines Hierseins, Bruder Abt.«

»Das hebt mein Herz! Schüttle den Staub ab und erfrische dich! Dann wollen wir die Vesper feiern.«

Als sich bald darauf Simon in der Dämmerung der Kirche näherte, trat ein sehr alter Mönch aus dem Schatten und hielt ihn auf. »Komm mit, mein Bruder!«

Vertrauensvoll folgte Simon ihm zu einer niedrigen, engen Tür in der Kirchenwand. Dahinter befand sich ein kleiner Raum, der eindeutig für die Vorbereitungen des Gottesdienstes bestimmt war, aber dennoch nicht die Sakristei war. Auf einem Tischchen stand eine einzige brennende Kerze.

»Dir zu Ehren, lieber Bruder Simon, beginnen wir heute die Vesper mit einem Luzernar. Wir wissen, dass dies im Templerorden üblich ist und möchten, dass du dich bei uns heimisch fühlst.«

Simon war tief berührt. Der Mönch fuhr fort: »Ich bin der Altabt, der dir voranschreiten wird. Die Brüder verharren drinnen in der Dunkelheit und hoffen auf das Licht. Dir gebührt die Ehre, es ihnen zu bringen.«

Er nickte ihm zu und bedeutete ihm so, die Kerze zu nehmen und ging ohne ein weiteres Wort durch eine Pforte ins Kirchenschiff. Simon folgte ihm und trug die brennende Kerze in die dunkle Kirche. Am Altar übergab er sie dem Abt, der sie auf Kopfhöhe hob und laut sprach: »Wie Licht die Dunkelheit besiegt, so besiegt Christus die Dunkelheiten von Sünde und Tod.«

Alle anderen Kerzen im Altarraum und im Kirchenschiff wurden danach mit dem Urlicht dieser Kerze entzündet. Begleitet wurde die Handlung des Lichtanzündens von einem vom Abt gesprochenen Dankgebet über das Licht, den uralten Christushymnus *Phos hilaron.*

Das abschließende Abendessen nahm Simon wie in Trance zu sich. Zum zweiten Mal an diesem Tag fühlte er sich wieder zuhause, zuerst in der Stadt, nun in der brüderlichen Gemeinschaft.

Das abschließende Nachtgebet, die Komplet, vollendete diesen schönen Tag und in Hinblick auf das Kommende bekam das Ende der Regula magistri eine ganz besondere Bedeutung: »Herr, stell eine Wache vor meinen Mund, eine Wehr vor das Tor meiner Lippen.«

Am nächsten Tag traf Simon im Wirtshaus *Agleta* den Ritternarren Drogos de Merlon. Es wirkte für Außenstehende wie ein zufälliges Treffen zweier Bekannter, doch Simon und Drogos hatten vereinbart, sobald sie in Foix wären, jeden Tag zur zweiten Stunde nach Mittag in dieses Wirtshaus zu kommen. Das *Agleta*, okzitanisch für Adler, gehörte Bernatz Jordas, und der war ein ganz besonderer Vogel. Er gehörte zur in Foix weitverzweigten Familie Jordas. Ihre Familienmitglieder fanden sich überall – oben auf der Burg, im Klostergarten, in den Mühlen und Schmieden, in den

Mietställen und Schlachtereien, im Magistrat und in den Hurenhäusern, kurzum, sie betrieben ein perfektes Spionagenetz. Vor allem aber waren sie loyal gegenüber den rechtmäßigen Erben der Grafschaft. Simon konnte sich hier mit dem Freund in aller Ruhe und mit gedämpfter Stimme unterhalten.

Drogos brachte schlechte Nachrichten. Auf dem Weg hierher war er den Truppen des Erzbischofs von Narbonne begegnet. Schlimmer noch, an der Spitze ritt neben Aimery de Castelnau, dem neuen Kommandanten der Kreuzzugtruppen, der unerbittliche Inquisitor Ferrier. Sie waren eindeutig auf dem Weg nach Miglos.

Simon erschrak. Sollte seinen Freunden auf der Burg das gleiche Schicksal drohen wie den Bewohnern von Montségur?

Drogos beruhigte ihn: »Arnaud hat die Burg nach deiner Abreise fast vollständig evakuiert. Deine Mutter, Blanche und die anderen sind in Sicherheit. Er selbst ist zu stolz, um zu fliehen. Aimery de Castelnau und der Inquisitor zögern noch, weil sie nicht wissen, was sie in Miglos erwartet. Sie fürchten ein zweites Montségur mit langer Belagerung. Die Festung ist durch die Berge bestens geschützt, man kann sie nicht einfach mit einer Übermacht im Handstreich nehmen. Doch was sie nicht wissen ist, dass Arnaud die Burg kampflos übergeben will, um jedes Blutvergießen zu vermeiden. Sie werden keine Katharer mehr dort finden und der Graf selbst gilt nur als Sympathisant und Unterstützer.«

»Sie werden ihn nicht töten?«, fragte Simon zweifelnd.

»Nein, das wäre ein fatales Signal. Sie können ihn bestrafen, hart bestrafen, aber nicht umbringen. Das würde einen neuen Flächenbrand auslösen.«

»Du kennst dich für einen Narren wirklich sehr gut aus«, lobte der Templer.

»Die Narren kennen sich am allerbesten aus, das solltest du inzwischen wissen.«

»Gut! Nun zu uns: Wann statten wir meinem dunklen Onkel unseren Antrittsbesuch ab?«

»Ich denke, wir sollten ihm noch bis morgen Schonung geben. Man sagt, er schlafe in letzter Zeit sehr schlecht«, schlug Drogos vor.

»Wo nächtigst du?«

»Hier im Haus. Bernatz sagte, wenn ich heute Abend seine Gäste unterhalte, habe ich Kost und Logis frei.«

»Es erscheint mir immer vorteilhafter, ein Narr zu sein. Vielleicht wechsle ich auch das Gewerbe«, scherzte Simon.

»Du taugst nicht zum Narren, mein Bester, noch nicht. Dir fehlt die letzte verzweifelte Traurigkeit, um dich über alles zu erheben. Es ist noch zu viel Hoffnung in dir.«

* * *

Gleich nach ihrer Ankunft in Foix suchten Albrecht, Veit und Gilbert das Lager der »*Baskischen Hunde*« auf. Der Colmberger ging auf Mikel Laboa zu und sagte: »Agurtzen zaitut, komandante handia!«

Der erinnerte sich sofort an Albrecht und ihr Zusammentreffen auf Montségur und antwortete: »Saluta nazazu, zaldunaren anaia, sei mir gegrüßt, Bruder des gnädigen Ritters. Ich danke für die Höflichkeit, mich in meiner Muttersprache zu begrüßen.«

Albrecht strahlte ob dieses Lobes, das Eis war gebrochen.

»Sag, was führt Euch zu uns?«, fragte Laboa neugierig.

»Mein Freund, der von Euch so geschätzte Ritter Simon de Tarascon ist der Ansicht, dass Ihr und wir gemeinsame Interessen haben.«

»Was sollten das für Interessen sein? Wollt Ihr ins Söldnergeschäft einsteigen? Ich dachte, Eure Verpflichtungen liegen woanders.«

»Derzeit richtet sich all unsere Aufmerksamkeit auf die Situation in Foix. Können wir uns irgendwo ungestört und unbelauscht unterhalten?«

Der Baske gab ein Zeichen, ihm in sein Zelt zu folgen.

Dort erläuterte Albrecht, dass Simon der Neffe des Tyrannen Joscelin sei und dass dieser dessen Großvater und Vater ermordet habe. Der wahre Erbe von Foix, Roger, der ältere Bruder von Joscelin, war verschollen, es ging sogar das Gerücht, dass er entweder eingekerkert oder gar erschlagen und verscharrt worden sei.

»Ich verstehe Euch und mein Herz ist auf Eurer Seite. Aber wie Ihr sicher wisst, stehen wir zurzeit in Diensten dieses Schurken«, wandte Laboa ein.

»Er wird Euch um Euren Lohn betrügen, wie er bisher jeden betrogen hat. Oder bezahlte er Euch im Voraus?«

»Nur die Hälfte, der Rest erfolgt nach getaner Arbeit.«

»Joscelin de Foix ist dafür bekannt, dass er seine Schulden ad calendas graecas bezahlt, also nie.«

»Das ist auch meine Befürchtung. Doch was sollen wir tun? Wir brauchen den Sold.« Mikel Laboa befand sich in einer Zwickmühle.

Albrecht lächelte, er wähnte sich fast am Ziel.

»Mein guter Freund und Kommandant Simon de Tarascon macht Euch einen Vorschlag: Wenn Ihr seiner Familie helft, den Verbrecher Joscelin zu besiegen, so garantiert diese die zweite Hälfte des vereinbarten Soldes zu übernehmen. Und sie legt noch eine dicke Belohnung in die Schatulle.«

»Ist überhaupt noch jemand am Leben, der uns bezahlen kann?«

»Oh ja! Wir wissen aus sicherer Quelle, dass sich bedeutende und zahlungskräftige Familienmitglieder samt großen Barmitteln jenseits der Grenze befinden. Werden sich wohl in Aragón oder in Eurer Heimat Navarra aufhalten. Jedenfalls sind sie dort in Sicherheit vor dem Usurpator.«

Mikel Laboas Gesichtsausdruck hellte sich auf. Sogar sein Arm schmerzte jetzt weniger. Das war die Lösung für ihn und seine Leute.

»Gut, einverstanden! Was sollen wir tun?«

»Macht einfach weiter wie bisher. Wir drei treten in Eure Truppe ein, das ist für uns das beste Versteck. Wenn es losgeht, sagen wir Bescheid, was Eure und die Rolle Eurer Männer sein soll.«

»So sei es, lagun eta lagundua, Freund und Kamerad!«

* * *

Noch nie war Simon der Ritt hinauf zur Burg von Foix so schwergefallen wie an diesem Tag. Hier, wo er als Schildknappe zum Ritter gereift war, hier, wo er vom Großvater nach langer Ausbildung den Ritterschlag empfangen hatte, hier nun sollte die Entscheidung fallen.

Oft hörte er die Fama von Racheengeln, die auf die Erde herniederfahren und die Bösen bestrafen. Gesehen hatte er jedoch noch nie einen. Ganz im Gegenteil sah er die Bösen in Saus und Braus leben, sich am Vermögen der Opfer laben und an ihrem Leid ergötzen. Kein Engel weit und breit, keiner, der zur Warnung das Schwert hob, geschweige denn einer, der die Diebe und Mörder richtete. Vielleicht hatten die Aufrührer doch recht, die sagten, dass es keine Gerechtigkeit gab hienieden. Nur Lug und Trug und ein höhnisches Vertrösten auf die andere Welt. Gedanken wie diese bedrückten den Tempelritter und machten sein Herz schwer. Doch wusste er, Zorn war ein schlechter Ratgeber und ein voreilig gezücktes Schwert brachte oft ein schnelles Verderben.

Nach vielen mauerbewehrten Serpentinen erreichte Simon mit dem Narrenritter das Haupttor und beide saßen ab.

»Ich bin Simon de Tarascon, der Neffe des Burgherrn«, sagte der Templer energisch. »Ich möchte meinem Onkel die Aufwartung machen.«

»Wer ist der merkwürdige Kerl, der dich begleitet?«, fragte die Wache.

»Ein Freund, der mich in meiner Trauer um meine tote Familie aufheitern will.«

»Gut, euch sei der Einlass gewährt. Es ist nicht gestattet in Gegenwart des Grafen eine Waffe zu tragen. Ihr müsst eure Waffen hierlassen. Eine Wache wird euch zum Palas führen.«

Die Pferde der beiden Besucher wurden in einem Stall gegenüber dem Wachhaus eingestellt, dann folgten die Männer ihrem Begleiter ins Innere der Burg.

»Früher, als mein Großvater noch lebte, genoss ich das Privileg, in den Innenhof reiten zu dürfen«, erinnerte sich Simon.

»Das ist aus Sicherheitsgründen nur noch dem engsten Kreis um den Grafen gestattet«, erklärte die Wache.

»Nun, als Neffe des Grafen bin ich ihm dann wohl zu nahe.«

Ihr Begleiter zeigte keine Reaktion auf diese Anspielung Simons.

Joscelin de Foix zeigte sich überrascht über den verwandtschaftlichen Besuch. Er bat die beiden in ein kleines Zimmer neben dem Palas und forderte sie auf, an einem runden Tisch Platz zu nehmen.

»Man sagte mir, die Templer hätten Jerusalem im Stich gelassen, so wähnte ich dich in Akkon.«

»Verzeiht, werter Oheim, dass es mir nicht geboten ist mit dir die Entscheidungen unseres Großmeisters zu disputieren. Auch kam ich ganz privat hierher, um Familienangelegenheiten zu regeln.«

»Geht es dir um die Familie de Foix oder um die Familie de Tarascon, mein Neffe?«, fragte Joscelin lauernd.

»Um es genau zu sagen, geht es um mein Erbe, egal aus welcher Schatulle es entspringen mag.« Simon gelang es, bei seiner Antwort jede Gefühlsregung zu unterdrücken.

Diese Antwort schien den Grafen zu behagen, denn der fragte: »Wie heißt der Possenreißer, der dich begleitet?«

Simon schaute Drogos forschend an, so als versuche er, sich an dessen Namen zu erinnern, bevor er antwortete: »Ich weiß es nicht. Er hat seinen Namen abgelegt, wie auch das Schwert, das er einst trug. Vielleicht hat ihn eine verlorene Liebe mit Wahnsinn geschlagen.«

»Wie kommt ein Templer zu solch einem Narren?«, wollte Joseclin wissen.

»Der ist mir zugelaufen ... Ich dachte, ein wenig Heiterkeit kann in Tagen wie diesen nicht schaden. Er hat mich von meiner Trauer abgelenkt, sodass ich nicht in Trübsinn verfiel.«

»Du überraschst mich, Neffe. So viel Humor hätte ich einem Herrn des Tempels von Jerusalem gar nicht zugetraut. Vielleicht fließt in deinen Adern doch mehr von meinem Blut als mir lieb sein kann? Sollte ich unruhig werden?«, fragte er lauernd.

»Nein, ich will nur die Dinge ordnen und meine Mutter in Tarascon besuchen. Ich denke, dass der alte Verwalter ihr zur Seite steht.«

Joscelin dachte kurz nach, bevor er entschied, Simon nicht zu verraten, dass dessen Mutter verschollen war. Sollte er es doch selbst herausfinden. Laut sagte er: »Wenn ich dir behilflich sein kann, lasse es mich wissen. Es sind schlimme Zeiten, es treibt sich viel Gesindel in unserem Land herum. Willst du bei mir auf der Burg Quartier nehmen?«

»Danke für die Einladung«, entgegnete Simon, »aber ich halte mich lieber in der Abtei auf. Dort habe ich den vertrauten Rahmen einer Bruderschaft. Aber kannst du in diesen trüben Zeiten nicht einen Narren gebrauchen?«

»Ist er gut?«

»Sehr gut, Oheim! Er ist so idiotisch, dass man ihn nur noch weise nennen kann.«

»Willst du es wagen, mir zu dienen, Possenreißer?«, fragte der Graf den Narren. Der antwortete: »Ein Aufstieg wär es wohl schon, vom Begleiter eines mittellosen Ritters, den mehr Gelübde plagen als Fliegen einen Schafskadaver im Sommer. Da lob ich mir doch einen echten Tyrannen mit großen Ambitionen.«

Joscelin grinste, der Mann war nach seinem Geschmack. »Dieser Mann ist wahrhaft weise. So sei es! Ich werde dich Babau nennen«, rief er und schlug zur Bekräftigung mit der Faust auf den Tisch.

* * *

Simon brachte sein Pferd in den Stall der Abtei, dann ging er zu Fuß ins Wirtshaus von Bernatz Jordas. Im *Agleta* herrschte Hochbetrieb, dennoch kam der Wirt gleich auf den neuen Gast zu, noch bevor sich der Templer einen Platz suchen konnte. Er zog ihn am Arm zu einem kleinen Nebenraum, der nur von einem Vorhang vom Rest der Gaststube getrennt war. Vier Männer saßen an einem Tisch und Simon hätte sein Schwert darauf verwettet, dass sie alle den Namen Jordas trugen.

Bernatz sagte: »Das sind meine Cousins. Ebratz arbeitet als Eseltreiber in einer der Mühlen, die Korn in das Gebirge liefern. Das ist Frezols, er transportiert Waren unterschiedlichster Herkunft nach Aragón. Frag mich nicht, von wem er sie hat und an wen er sie verkauft. Der so grimmig schaut, ist Gualhartz, er kann nichts dafür, dass er so ein Gesicht macht, ihm ist gerade erst seine Frau davongelaufen. Er arbeitet in der Schmiede unten am Arget. Er weiß einiges, was dich interessieren dürfte. Und zu guter Letzt unser Robertz, der als Proviant- und Lagermeister auf der Burg arbeitet.

Simon war gespannt, was ihm diese Vier berichten wollten. Fragend sah er in die Runde.

Der grimmige Gualhartz ergriff das Wort: »In den Schmieden an den Ufern des Arget machen sie seit Tagen Axtblätter und Lanzenspitzen. Angeblich weiß keiner, wer der Auftraggeber ist, aber die Burg ist es auf keinen Fall. Das kann Robertz bestätigen. Außerdem wurde alles im Voraus bezahlt und das ist so gar nicht die Art von Joscelin.

»Die Basken?«, fragte Simon.

»Nein, die haben genug eigene Waffen. Außerdem schicken sie alles Geld, das sie nicht zum Leben brauchen, gleich nach Hause.«

»Auf den Wegen durchs Gebirge trifft man zwar nicht viele Leute, aber die wenigen reden gern in ihrer Einsamkeit dort oben«, meldete sich Ebratz zu Wort. Sein verschmitztes Lächeln machte Simon neugierig.

»Was redet man denn so im Gebirge?«

»Man sagt, dass in einem versteckten Tal ein Lager voller Krieger sei. Allerdings ließ man mich nicht bis dorthin, Hirten kauften unser Korn am letzten Pass vor der Grenze. Aber man sagte mir, dass sie keine weiteren Lieferungen brauchen, weil sie bald aufbrechen wollen.«

Nun war Frezols an der Reihe. »Meine Ware ist begehrter als Korn«, lachte er. »Ich kam mit einer Fuhre Wein und Schnaps und man ließ mich ins Tal. Zuerst dachte ich, dass Raimund II. Trenvacel wieder einmal ein Heer sammeln will, um erneut zu versuchen, sich sein Erbe zurückzuholen. Aber als ich die Leute reden hörte, wusste ich gleich, dass es keine Katalanen sind. Diese Söldner kommen eindeutig aus dem Kernland Aragón. Die würden niemals für Raimund kämpfen.«

Simon ahnte, worauf das Ganze hinauslief, wenn man alle Fakten zusammenzählte. Dennoch hielt er sich mit seiner Vermutung zurück und bat Bernatz Jordas den Schluss daraus zu ziehen: »Was meinst Du, was braut sich hier zusammen?«

»Der Graf lebt. Ich meine den rechtmäßigen Grafen Roger. Ich denke, er wird bald kommen und sich sein Erbe holen. Die Tage von Joscelin scheinen mir gezählt.«

»Das ist auch meine Meinung. Eines Tages wird meine Familie die Familie Jordas belohnen«, sagte Simon.

Bernatz Jordas schüttelte den Kopf: »Nein, wir wollen keine Belohnung. Wir sind Foix! Roger ist unser wahrer Graf, er ist das Haupt von Foix. Bedankt sich der Leib bei seinem eigenen Kopf?«

Gerührt ergriff Simon die Hand des Wirtes und drückte sie. Dann verabschiedete er sich von dessen Cousins und verließ den *Agleta*.

Auf dem Weg zur Abtei überschlugen sich seine Gedanken. »Wie konnte er mit seinem Onkel Kontakt aufnehmen? Wusste der vielleicht sogar, dass Simon in der Stadt war?«

Plötzlich wurde ihm klar, dass sein Oheim schon die ganze Zeit über alles Bescheid wusste, was hier vorging. Die zahlreichen Familienmitglieder der Jordas waren seine Augen und seine Ohren in Foix und sie waren seine Verbindung zu seinem Exil.

* * *

Am nächsten Tag traf Hugues des Arcis, der Seneschall von Carcassonne, von einer Eskorte begleitet auf der Burg von Foix ein. Während seine Leute im großen Hof warteten, wurde er sofort zum Grafen geführt.

»Mein lieber Seneschall, bringt Ihr mir Botschaft vom König?«

»Nein, Graf, ich bin ein Bote, der seine eigene Botschaft überbringt.«

»So sprecht, mein Bester!«

»Das Land reibt sich auf und sein Reichtum wird verschwendet. Burg um Burg wird belagert. Die Bauern bleiben den Feldern fern, die Händler werden ausgeraubt und zwischen den Schlachten marodieren die Söldner.«

»Schlimm, schlimm. Aber was habe ich damit zu tun? In Foix ist alles ruhig«, entgegnete Joscelin ungerührt.

»Aber es ist Eure Grafschaft! Sie ist das Herz all der Unruhen. Und die Umstände Eurer Machtübernahme machen die Sache auch nicht einfacher.«

»Beruhigt Euch, werter Seneschall. Der Albigenserkreuzzug war das Problem meiner Vorgänger. Doch bald wird der Katharer-Spuk vorüber sein. Mich geht die Sache nichts an. Da kümmern sich andere darum und ich kann meine Kräfte gezielt einsetzen.«

»Wofür wollt Ihr sie einsetzen? Was sind Eure Pläne?«, fragte der Seneschall.

»Mir geht es um Carcassonne! Wie Ihr wisst, hat mein Haus Foix gemäß einer erblichen Verfügung Graf Rogers des Alten einen Anspruch auf die Grafschaft. Den haben uns jedoch die Trenvacel abgegaunert, verflucht sei jedes Mitglied dieser räuberischen Sippe! Kurz danach verloren diese Tölpel unseren Besitz an die Grafen von Toulouse und er schien für immer verloren. Doch dann machte Raimund VII. von Toulouse den entscheidenden Fehler und stellte sich auf die Seite von Kaiser Friedrich II. und gegen den Albigenserkreuzzug und damit gegen den König. Da sah der verdammte Trenvacel seine Chance und dachte, er hätte freie Bahn. Ihr selbst wurdet von ihm und seinen Katalanen drei Monate lang belagert.«

Hugues des Arcis nickte zustimmend.

»Nun komme ich ins Spiel. Wenn drei sich streiten – der König von Frankreich, der Graf von Toulouse und Raimund II. Trenvacel – freut sich der Vierte: Ich, Joscelin von Foix. Ich habe Anspruch auf diese Perle! Ererbt von meinem Vorfahren Roger dem Alten. Ich will Car – ca – ssonne!« Joscelin betonte jede einzelne Silbe, wobei er immer lauter wurde. »Ich will unser Carcassonne zurück! Mein Carcassonne! Und ich bin sicher, Ihr werdet mir dabei helfen.«

Hugues des Arcis hatte genau dies erwartet. Ihm war es völlig egal, wer welche Ansprüche auf die Stadt hatte, die er verwaltete. Seine Pläne reichten viel weiter. Aber dazu musste erst das Katharer-Problem endgültig aus der Welt geschafft werden.

»Dann wollen wir zuerst noch das letzte Hindernis auf Eurem Weg nach Carcassonne beseitigen: Miglos. Unsere Leute sind schon auf dem Weg, dieses Ketzernest auszuräuchern. Dann ist Carcassonne kein Problem mehr, so wahr ich der Seneschall des Königs dieser Stadt bin!«, verkündete Hugues des Arcis selbstbewusst.

Narren haben sehr viel Bewegungsfreiheit und kluge Narren finden schnell geheime Gänge und sichere Verstecke. So konnte Drogos problemlos das Gespräch zwischen Joscelin und dem Seneschall belauschen. Kurz nachdem der Seneschall die Burg verlassen hatte, ließ Joscelin nach Jean de Lantar rufen. Drogos war gespannt, was der Graf mit dem Ritter vorhatte.

Ohne Umschweife kam der Thronräuber auf den Punkt: »Jetzt habt Ihr Gelegenheit, Eure Nützlichkeit zu beweisen.«

»Gerne, was soll ich tun?«, fragte Jean de Lantar.

»Meine Freunde sind auf dem Weg nach Miglos. Wie ich die Tölpel kenne, machen sie das so offenkundig, dass selbst ein Bär im Winterschlaf dies bemerken würde, geschweige denn ein alter Fuchs wie Arnaud de Miglos.«

»Wie kann ich da behilflich sein?«, wollte der Ritter wissen.

»Lasst dem Fuchs die Nachricht zukommen, dass der Marsch Richtung Miglos nur ein Täuschungsmanöver sei. In Wirklichkeit will Erzbischof Pierre Amiel sich mit Raimund II. Trenvacel und seinen katalanischen Truppen vereinen, um endlich Carcassonne einzunehmen.«

Jean dachte nach. Nach einer Weile des Schweigens fragte er: »Welchen Vorteil sollte der Erzbischof von diesem Bündnis haben?«

»Ganz einfach, er braucht keine zusätzlichen Söldner mehr bezahlen. Raimund arbeitet auf eigene Rechnung, um die Grafschaft Toulouse zu erobern. Die teuren Basken leben wie die Maden im Speck auf meine Kosten in meiner Stadt. Ich bezahle sie für einen Schutz, den ich in Wirklichkeit gar nicht brauche.«

»Ich fragte mich schon, warum Ihr diesen Aufwand betreibt. Die Katharer sind keine Gefahr für Euch. Wer sollte Euch bedrohen?« Jean war froh, dass Joscelin selbst dieses Thema angesprochen hatte. Es wäre verdächtig gewesen, wenn es von ihm gekommen wäre.

»Nun, wie soll ich sagen, also, die Erbschaftsfrage um Foix ist noch nicht endgültig geklärt.«

»Wie? Ich verstehe nicht.«

»Mein älterer Bruder Roger, der sich gerne der Vierte nennen würde, ist verschollen. Manche sagen, er wurde erschlagen und verscharrt, andere sagen, er sammle irgendwo Truppen, um sein rechtmäßiges Erbe zu erstreiten.«

»Jetzt verstehe ich!«

»Die Lage ist unsicher. Ich habe überall Spione ausgeschickt – nach Aragón, nach Navarra, nach Aquitanien, sogar nach Barcelona. Doch nirgends eine Spur von ihm.«

»In Söldnerkreisen bleibt nichts geheim. Wenn er sich Truppen besorgt hat, wüssten deren Familien davon. Falls er es doch noch tun sollte, bliebe Euch genug Zeit, darauf zu reagieren«, erläuterte Jean.

»Welch tröstliche Worte, ich danke Euch. Doch bitte richtet die Aufmerksamkeit nur auf Eure Aufgabe. Lasst Arnaud de Miglos die falsche Nachricht zukommen, und es soll Euer Schaden nicht sein.«

»Ich werde die Nachricht selbst überbringen müssen, Graf. Der alte Fuchs würde keinem anderen Boten als mir trauen«, antwortete Jean. Am nächsten Tag brach er nach Miglos auf.

* * *

Arnoud de Miglos hatte schon vor Tagen alle Vorkehrungen zur Aufgabe seiner Burg getroffen. Die Katharer fanden Zuflucht in der abgelegenen und nahezu uneinnehmbaren Festung Quéribus. Arnaud wusste seine Schützlinge dort in guten Händen, denn der Befehlshaber, der Katalane Xacbert de Barbaira, war eine herausragende Gestalt des okzitanischen Widerstandes. Er vertraute ihm absolut.

Simons Mutter war zusammen mit ihrer Patentochter Blanche unter dem Schutz von Rubinho nach Saint Gaudens aufgebrochen, um im dortigen Kloster die weiteren Ereignisse abzuwarten. Pierre-Roger de Mirepoix dagegen wollte sich nach Montgaillard südlich von Foix zurückziehen, wo gute Freunde von ihm lebten.

Als Jean de Lantar in Miglos eintraf, war die Burg fast menschenleer. Außer dem Grafen befanden sich nur noch die alte Köchin, ein noch älterer Stallknecht und der taubstumme Diener Yoris in dem Gemäuer.

»Es freut mich, mein lieber Jean, zu hören, wie sich die Dinge in Foix entwickeln. Ein Lichtblick in diesen dunklen Zeiten. Es wird mir ein großer Trost sein, wenn wenigstens in Foix die Gerechtigkeit siegt.«

Bei diesen Worten des Grafen überkam Jean de Lantar eine große Traurigkeit. Dieser Mann war eine der letzten überragenden Gestalten seiner Epoche. Bevor er endgültig in Trübsal verfallen konnte, sagte Arnaud: »In den letzten Tagen hatte ich sehr viel Zeit nachzudenken. Die Entscheidungen über die Burg und mein Schicksal sind gefallen, mein Kopf ist frei. Weißt du, Jean, vielleicht sind manche Dinge anders als sie auf den ersten Blick scheinen. Der Heilige Gral war in diesen Mauern. Sicher, die Welt hat er nicht verändert, er hat nicht einmal, wie es so aussieht, meine Burg gerettet. Aber könnte es nicht sein, dass es beim Gral nicht um die ganz großen Dinge geht, nicht um Könige und Kriege, um Besitz und Macht, sondern um das, was uns Menschen viel näher ist?«

Jean verstand rein gar nichts.

»Jesus war nicht nur Gottes Sohn, sondern auch der Sohn einer liebenden Mutter und sein Stiefvater Josef hat ihn sicher auch geliebt. Jesus war auch ein Menschensohn. Bedenke, er hat auf einer Hochzeit Wasser in Wein verwandelt, damit die Leute weiter feiern konnten! Als es mit ihm zu Ende ging, hat er mit seinen Freunden ein Abschiedsmahl gefeiert und mit ihnen gegessen und getrunken. Dabei soll er den gleichen Becher benutzt haben, mit dem Josef von Arimathäa auf Golgatha am Kreuz das Blut Christi aufgefangen hat. Der Gral ist ein Becher für die Freude und für das Leid, er ist ein Becher, der unser Leben symbolisiert. Dass dieser ganz besondere Becher hier war, hier in meinem Haus, ist für mich ein Zeichen. Mir ist dadurch große Gnade und Tröstung widerfahren. Lass uns heute gemeinsam unser Abschiedsmahl feiern, mein junger Freund. Der Gral war hier und seine Kraft wirkt immer noch in diesen Mauern, ich spüre es. Die Meinen, die ich liebe, sind in Sicherheit, alle Freunde, die ich beherbergte, sind auf einem guten Weg, dafür bin ich dankbar.«

Am Abend saßen Arnaud de Miglos, Jean de Lantar, die alte Köchin, der Stallknecht und der taubstumme Diener Yoris zusammen an der gräflichen Tafel und speisten. Sie wirkten in der großen Halle wie ein verlorenes Häuflein.

Doch wirkten sie keineswegs verzweifelt. Gemeinsam leerten sie das letzte Fässchen Wein, das man noch in der Burg belassen hatte, alle anderen waren längst abtransportiert, damit sie den Feinden nicht in die Hände fielen.

Es war ein sehr ruhiges Mahl, bei dem nicht nur Yoris stumm blieb.

Im Morgengrauen begab sich Jean auf kaum benutzten, verschlungenen Hirtenpfaden Richtung Saint Gaudens.

***

Es war die Zeit der Non, der Sterbestunde Christi am Kreuz, als die Eroberer kamen. Auf Anweisung des Grafen hatte der taubstumme Yoris nach Jeans Aufbruch die Burgtore weit offen gelassen.

Als die Söldner unter Aimery de Castelnau die Burg erreichten, schien sie verlassen. Zwei Möglichkeiten hatte der Inquisitor befürchtet: Eine verlassene Burg oder eine monatelange Belagerung. Am liebsten wäre es ihm gewesen, die Ketzer hätten sich allesamt sofort ergeben und wären wie in Montségur wie die Lämmer zur Schlachtbank respektive zum Scheiterhaufen gegangen. Die Situation, die sich Ferrier jetzt bot, frustrierte ihn. Er versammelte Aimery de Castelnau und dessen Hauptleute in der großen Halle der Burg. Dort sollte ihr Hauptquartier sein. Schon nach kurzer Zeit schleppte man Arnaud de Miglos, die Köchin, den Stallknecht und Yoris vor den Inquisitor. Er befahl, die Gefangenen sofort in Ketten zu legen, gefesselt an Händen und Füßen.

Dann ließ er ein improvisiertes Gericht aufbauen, bei dem er selbst den Vorsitz übernahm.

Zuerst ließ er die drei Dienstboten des Grafen vorführen.

Die Köchin beteuerte lautstark, dass sie gar nicht wüsste, woran die Katharer glaubten, ob diese überhaupt an etwas glaubten und sie habe ihr Lebtag lang keine Messe versäumt. Dann beschwor sie die Heilige Jungfrau und alle Nothelfer und betete einen Rosenkranz.

»Was ist mit diesen beiden?«, wollte Ferrier von der alten Köchin wissen. Die antwortete: »Die beiden haben mit mir jede Messe besucht. Der Yoris ist taubstumm, aber ich habe an seinen Augen gesehen, dass er im Kopf gebetet hat, jedes Mal!«

Der Inquisitor erkannte, dass er seine Rache an jemand anderem austoben musste und befahl: »Löst ihre Stricke und jagt sie aus der Burg!«

Dann ließ er Arnaud vor seinen Richtertisch führen.

»Graf Arnaud de Miglos, ich klage Euch der Häresie an. Gebt zu, dass Ihr zur abscheulichen Ketzersekte der Katharer gehört!«

»Ich gehöre nicht zu den Katharern. Ich bin weder ein *Croyant*, noch ein *Parfait*. Bin weder einer ihrer Bischöfe noch einer ihrer weltlichen Anführer. Aber an Tagen wie diesen bin ich geneigt, zu glauben, was sie über die Welt sagen: Dass diese irdische Welt nur das Produkt des Bösen ist und dass die wahre Welt Gottes dahinter liegt. Eure Welt, Ferrier, ist mir von zu vielen Scheiterhaufen beleuchtet!«

»Wenn Ihr kein Katharer seid, wie kommt es dann, dass Ihr so viele Anhänger dieser Sekte in Eurer Burg beherbergt habt, wie mir von glaubwürdigen Zeugen mitgeteilt wurde?«

»Diese Menschen waren in Not und ich habe sie aufgenommen, wie es sich für einen anständigen Christenmenschen gehört. Sie waren hungrig und ich gab ihnen zu essen.«

»Lügt nicht so unverschämt! Wir werden Eure Burg schleifen, wie gefällt Euch das?«

»Es gefällt mir nicht. Aber es ist mir egal. Seht, der Turm zu Babel, der den Himmel berührte, er ist nicht mehr. Die Bauwerke der stolzen Römer sind nur noch Ruinen. Selbst Salomos Tempel zu Jerusalem, der Gott geweiht war, wurde zerstört! Was zählt da mein kleines Miglos? Meine Burg ist Menschenwerk und jegliches Menschenwerk ist vergänglich. Nur der HERR ist ewig.«

»Wagt es nicht, den Namen des HERRN in Eurem Mund zu führen! Wir wissen ganz genau, dass Ihr die Verteidiger von Montségur mit Waffen unterstützt habt!«, brüllte der Inquisitor.

»Woher wollt Ihr das wissen? Wart Ihr dabei?«, fragte Arnaud.

»Werdet nicht frech! Es gibt immer und überall einen Judas, selbst im nächsten Kreis des Erlösers. Warum solltet ausgerechnet Ihr dagegen gefeit sein? Verzögert nicht den Prozess, indem Ihr mich zwingt, Zeugen herbeizuschaffen. Gesteht und wir bringen die Sache hier und heute zu Ende! Oder soll ich Eure alten Diener zurückbringen und vor Euren Augen in Streifen schneiden lassen?«

Arnaud wusste, dies war keine leere Drohung. Er gab sich einen Ruck.

»Gut, ich gestehe. Ich habe die Verteidiger von Montségur mit zwölf Seilen für eine große Steinschleuder und zwei Ballista unterstützt. Ich selbst bin kein Katharer, mir ging es stets um die Freiheit und Unabhängigkeit Okzitaniens vom französischen König! Ich mag in Euren Augen Hochverrat begangen haben, aber ich bin kein Ketzer.«

Dieses überraschende Geständnis brachte Ferrier aus dem Konzept. Er hatte damit gerechnet und auch gehofft, dass der Graf bis zum Ende leugnen würde. Dann hätte er ihn als verstockten Ketzer auf den Scheiterhaufen bringen können. Aber die Unterstützung von Rebellen gegen den König war ein ganz anderes Verbrechen, das sich der Gerichtsbarkeit der Inquisition entzog. Zähne knirschend gab er den Befehl, Arnaud de Miglos nach Carcassonne zu schaffen, wo diesen lebenslange Kerkerhaft für Hochverrat erwartete.

* * *

In der alten Römer-Siedlung Saint Gaudens spürte man nichts von den Ereignissen und Bedrohungen in Foix und Miglos. Simons Mutter hielt sich jeden Tag in Begleitung von Blanche viele Stunden im Klostergarten auf, Jean de Lantar und Rubinho verbrachten ihre Zeit abwechselnd mit Würfeln in ihrer Unterkunft oder mit Lesen in der Klosterbibliothek.

Die beiden Frauen redeten viel über Glauben und Religion, wobei Simons Mutter eine immer größere Distanz zu den Katharern entwickelte. »Bedenke!«, forderte sie Blanche auf, »die Katharer orientieren sich an den frühen Christen, um möglichst nahe am Ursprung zu sein. Das ist im Prinzip nichts Schlechtes. Nur haben die Weggefährten Jesu dessen Rückkehr, die Apokalypse und das Jüngste Gericht zu ihren eigenen Lebzeiten erwartet. Kein Wunder, dass sie keine Kinder mehr zeugen wollten! Aber mehr als tausend Jahre später macht das doch keinen Sinn mehr.«

»Aber die Reinheit, es hört sich alles so gut und moralisch an. Es klingt so aufrichtig und wahr«, wandte Blanche ein.

»Ich kann dich gut verstehen, meine Liebe. Auch ich bin diesem Übermaß an Gutsein erlegen, jahrelang.«

»Was kann denn an Gutsein schlecht sein?«, fragte die junge Frau trotzig.

»Es kann blind machen. Aber schlimmer noch, fanatisch! Wenn man alles Irdische verdammt und als böse ansieht, wie kann da noch Liebe wachsen? Warum, frage ich dich, gibt es dann den Menschen, wenn er ein Geschöpf des Teufels ist? Soll das wirklich Gottes Plan gewesen sein? Wenn nur die jenseitige, die geistige Welt von Gott erschaffen wurde, alles auf Erden aber des Teufels ist, warum sind wir dann überhaupt hier? An dieser Frage bin ich fast zerbrochen. Erst meine Zweifel an dieser Lehre gaben mir den Lebensmut zurück, trotz all dem Bösen, das mir widerfuhr.«

Obwohl der Ort Saint Gaudens so abgelegen war, mied die kleine Gruppe die Öffentlichkeit und verließ nie den Schutz der Klostermauern. Man wollte kein Risiko eingehen, zufällig entdeckt zu werden. Trotz der Abgeschiedenheit erreichten sie immer wieder Nachrichten von außen. Nachrichten, die hoffen ließen, aber auch bangen.

* * *

Abt Martin de Gordo zeigte Simon ein Horarium, ein Stundenbuch, das einer seiner Mönche geschaffen hatte. Eine sparsam, aber sehr ausdrucksvoll illuminierte Schrift, die das ganze benediktinische Offizium umfasste – von Mitternacht bis Mitternacht mit einer nächtlichen Hore und sieben am Tage. Während die beiden in die Betrachtung des Kleinods vertieft waren, meldete ein Mönch einen Besucher: Albrecht von Colmberg.

Mit einem fragenden Seitenblick auf den Abt sagte dieser: »Es gibt Neuigkeiten, mein Bruder.«

»Du kannst hier offen sprechen, wir sind unter unsresgleichen, Albrecht. Es herrscht absolute Vertraulichkeit«, erklärte Simon.

»Es gibt schlechte Nachrichten aus Miglos. Die Basken erzählten mir, dass Ferrier die nahezu leere Burg eroberte.«

»Das hatte ich erwartet. Was haben sie mit Arnaud gemacht?«, fragte Simon besorgt.

»Sie haben den Grafen in Ketten gelegt und gleich auf seiner eigenen Burg den Prozess gemacht. Doch scheint es Arnaud gelungen zu sein, Ferrier zu überlisten.«

»Was ist geschehen?«

»Der Scheiterhaufen war bereits im Burghof errichtet, doch es kam dann anders. Irgendwie hat es der Graf geschafft, sich der Gerichtsbarkeit der Inquisition zu entziehen.«

»Ich hatte gehofft, dass der alte Fuchs noch einen Trumpf im Ärmel hat. Was geschah weiter?«, wollte der Templer wissen.

»Man hat Arnaud nach Carcassonne geschafft. Es wird gesagt, dass man ihn dort für den Rest seines Lebens im Kerker schmachten lässt.«

»Ich denke, da ist das letzte Wort noch nicht gesprochen. Er hat immer noch einflussreiche Freunde. Gut, dass der Inquisitor Arnaud nicht gleich auf dem Burghof den Flammen überantworten konnte, so hat er zumindest Zeit gewonnen.«

»Wie soll es mit uns weitergehen? Es gärt in der Stadt.«

»Lieber Abt, kannst du uns bitte alleine lassen?«, bat Simon. »Es ist kein Misstrauen, doch haben wir strategische Dinge zu besprechen, die vielleicht dein Gewissen belasten könnten. Ich möchte dich für deine nächste Beichte nicht in Verlegenheit bringen.«

Der Abt lachte. »Sehr rücksichtsvoll, mein Bruder. Ich verstehe. Bleibt am besten hier, dann seid ihr ungestört. Wir sehen uns später, Simon. Gott segne euch.« Mit einer leichten Verbeugung verließ er den Raum.

»Die Dinge spitzen sich zu, Albrecht. Ich bin mir sicher, mein Onkel Roger lebt und er lagert mit einem Heer in den Bergen. Dazu fertigt man seit Tagen in den Schmieden der Stadt Axtblätter und Lanzenspitzen für die Rebellen hier im Ort, die ihn unterstützen. Sag Mikel Laboa, er soll seine Männer unauffällig in Bereitschaft versetzen, es kann nicht mehr lange dauern.«

»Was ist deine Rolle bei der Sache, Simon? Wirst du auf der Burg sein, wenn es soweit ist?«

»Ich hoffe, dass ich im entscheidenden Augenblick dort sein werde. Wenn mir gelingt, was mir vorschwebt, wird Joscelin keinen Befehl mehr an seine Leute geben können. Dadurch würden wir ein großes Blutvergießen verhindern.«

»Du willst es mit dem Beginn des Aufstandes gleich zu Ende bringen?«, wollte Albrecht wissen.

»Nein. Das steht mir nicht zu. Joscelin soll öffentlich der Prozess gemacht werden. Alle sollen von seinen Schandtaten und Verbrechen erfahren. Der Mörder gehört in die Hände meines Onkels Roger. Er hat in Foix die Gerichtsbarkeit und er ist das Oberhaupt der Familie, er soll der Richter von Joscelin sein!«

* * *

Drogos hatte einen weiteren Geheimgang entdeckt und war gespannt, wohin dieser führte. Doch als er um eine Ecke bog, stand auf einmal Joscelin vor ihm. Erschrocken blieb er stehen.

»Aha! Dachte ich es mir doch, mein Narr ist ein neugieriger Narr!«

»So ist es, Herr! Nur der lauschende Narr hat Material für die besten Scherze«, versuchte Drogos die Flucht nach vorn.

»Hast du schon viele Geheimnisse entdeckt, Babau?«

»Noch nicht genug, um damit eine einzige trübe Stunde zu füllen, mein Herr. Deshalb bin ich ja immer noch auf der Suche.«

»Nun, dann will ich dir behilflich sein. Folge mir!«

Der Weg führte mal hinauf, dann wieder hinab, um viele Ecken, und manchmal hatte der Narr das Gefühl, im Kreis zu gehen. Vielleicht tat er das auch, er hatte jegliche Orientierung verloren und sicher war genau das die Absicht des Usurpators. Joscelin blickte sich kein einziges Mal um, er wusste, dass Drogos ihm folgte. Erst als sie vor einer kleinen Tür standen, drehte sich der Graf zu ihm um und sagte: »Solltest du jemals dem Raum hinter dieser Tür ohne meine Begleitung weniger als zehn Schritte näherkommen, werde ich dir persönlich die Teile abschneiden, die den Stier vom Ochsen unterscheiden.«

Mit diesen Worten öffnete Joscelin die Tür und betrat den Raum dahinter.

»Voila! Mein geheimer Harem! Man kann durchaus etwas von den Muselmanen lernen. Bei ihnen ist es gottgefällig, wenn ein Mann mehrere Frauen hat. Ich finde, das entspricht viel mehr unserer Natur. Wenn ich mit dir zufrieden bin, lasse ich dich vielleicht auch einmal von diesen Früchten naschen. Allerdings nur, wenn sie nicht mehr ganz so frisch sind. Mich ergötzt vor allem das Neue, Unverbrauchte, wenn du weißt, was ich meine.«

Nach dem Halbdunkel der Geheimgänge blinzelte Drogos geblendet, seine Augen mussten sich erst anpassen. Der Raum glänzte und glitzerte von orientalischer Pracht. Irritiert schauten mehrere Frauen zu ihm und Joscelin. Der sagte stolz: »Hier befinden sich die schönsten Mädchen der Grafschaft und auch hervorragende Importware. Die Schwarze dort ist die Nubierin Kaffalla. Ich habe sie von einem arabischen Sklavenhändler im Emirat von Granada gekauft. Die zierliche Asiatin ist die Chinesin Han, die Mongolen aus ihrer Heimat verschleppten. Die weißen Schönheiten stammen aus allen Kreisen, ich mache da keine Standesunterschiede. Ob Bauerntochter oder Prinzessin, Hauptsache, sie gefallen mir.«

Drogos wusste nicht, wie er reagieren sollte und stammelte nur: »Sehr beeindruckend, mein Herr. Wirklich, sehr beeindruckend.«

»Dann will ich dich nicht länger in Versuchung führen. Zurück mit dir! Ich erwarte heute Abend eine kurzweilige Vorstellung!«

* * *

In der Klosterbibliothek von Saint Gaudens schauten Blanche und Jean fasziniert auf die kleinen Lederstückchen, die Rubinho vor sich auf dem Tisch ausgebreitet hatte. Sie trugen unterschiedliche, teils eingefärbte Zeichnungen. Der Freund ging mit ungewohntem Ernst ans Werk, nun war er ganz Ruben Magdala ben Abraham da Bobadilla y Toledo bei einer wichtigen, fast heiligen Handlung. Mit feierlicher Miene verkündete er: »Diese Bilder sind etwas Besonderes. Sie gehören eigentlich zu dem Buch, das ich aus meiner Heimat geschmu…, mitgebracht habe, dem *Sefer Sohar*, dem *Buch des Glanzes*. Doch der Käufer hatte kein Interesse an den Kärtchen, der wollte nur das Buch und überließ sie mir. Aber ich weiß, was man damit machen kann!«

Die anderen warteten auf seine Erklärung, doch der Freund schwieg, er wollte eindeutig gebeten werden. »Nun sag schon, Rubinho, verrat uns, worum es geht«, sagte Blanche schmeichelnd.

»Man kann mit diesen Bildern die Zukunft vorhersagen!« Triumph lag in seiner Stimme, doch die beiden schüttelten nur ungläubig den Kopf.

»Wirklich! Der Alte, der mir das Buch und die Bilder übergeben hat, erklärte es mir ganz genau. Was die einzelnen Bilder symbolisieren und was sie in welcher Konstellation bedeuten. Außerdem stand es in dem Buch, und das habe ich wahrhaft oft gelesen auf meiner langen Reise. Außerdem bin ich bekannt für mein ungewöhnliches Erinnerungsvermögen.«

Blanches Mimik zeigte ihr Misstrauen, als sie Rubinho aufforderte: »Gut! Dann sag uns die Zukunft voraus!«

Mit flinken Fingern wirbelte der selbsternannte Wahrsager die Bildchen durcheinander und ordnete je drei in zwei Reihen untereinander an. Es wirkte so routiniert, als mache er dies schon jahrelang. Er betrachtete einige Zeit schweigend das Arrangement, dann erklärte er: »Große Veränderungen, drastische Veränderungen stehen bevor! Seht hier, der einstürzende Turm, dort, darunter der Gehängte, gleich daneben der Herrscher. Neben dem Turm der Narr, die Gerechtigkeit, und hier unten, als letztes Bild das Schicksalsrad.«

»Klingt zwar bedeutend, aber was hat das mit uns und unserer Situation zu tun?«, fragte Jean skeptisch.

»Unsere Lage hängt von den Ereignissen in Foix ab. Die Bilder weisen auf den Sturz des Herrschers hin. Der Turm wird stürzen und die Gerechtigkeit wieder hergestellt. Glaubt mir, meine Freunde, das Schicksal meint es gut mit uns!«

»Dann wollen wir darauf vertrauen, dass unsere Freunde in Foix mit Gottes Hilfe und deinen Bildchen siegen werden«, sagte Blanche und ihre Stimme bebte voll Hoffnung und Zweifel gleichzeitig.

* * *

Joscelin de Foix ließ seinen Narren Babau zu sich rufen.

»Du wirst mir heute Abend eine besondere Freude machen! Du darfst die Einweihung einer neuen Dame in meinem Harem musikalisch begleiten. Komm nach dem Abendmahl! Aber merke dir vor allem eines: Ich will von dir nichts sehen, nur die Klänge deiner Laute hören! Ich warne dich: Egal, was geschieht und was immer du hörst, du bleibst hinter dem Wandschirm!«

* * *

Rund um die Benediktiner-Abtei Notre-Dame-du-Pesquié trafen mehr und mehr Krieger ein und schlugen ihr Lager auf. Das Heer von Roger von Foix sammelte sich für den entscheidenden Schlag gegen Joscelin. Nur zwei Wegstunden von der Burg entfernt wartete der rechtmäßige Graf auf die günstigste Stunde, seine Truppen in Bewegung zu setzen.

Seine Kundschafter hatten berichtet, dass die *»Baskischen Hunde«‹* sich neutral verhalten oder gar ihm zur Seite stehen würden. Roger dankte in Gedanken seinem Neffen Simon, der ihn, wie seine Kundschafter gemeldet hatten, vor Ort bestens unterstützte. Mit seiner Hilfe würde er die Lage in Foix schnell unter Kontrolle bekommen.

* * *

Nach der Vesper blieb Simon noch alleine in der Kirche von Saint Volusien. Mit Bedacht wählte er drei Kerzen aus, obwohl doch alle gleich aussahen, kniete vor dem Seitenaltar nieder und legte sie behutsam ab. Nach einem stillen Gebet nahm er eine der Kerzen, stand auf und entzündete sie am Altarlicht. Mit den Worten: »Für dich, mein Vater«, steckte er sie in den Leuchter. Mit der zweiten Kerze verfuhr er ebenso, nur sagte er diesmal: »Für dich, mein Großvater.« Dann kniete er lange vor der letzten Kerze, schweigend und doch bewegt. So viele Erinnerungen gingen ihm durch den Kopf, so viele Gefühle überschwemmten ihn. Schließlich gab er sich einen Ruck, stand auf, entzündete die dritte Kerze und steckte sie mit den Worten auf: »Für dich, Ylonda, meine Liebe.«

* * *

In der Abenddämmerung forderte ein Diener Drogos auf, in die Gemächer des Grafen zu kommen. Das angewiesene Zimmer war menschenleer, doch der Narr wusste, was er zu tun hatte. Mit einem mulmigen Gefühl nahm er seinen Platz hinter dem Wandschirm ein und stimmte seine Laute. Er liebte dieses Instrument, das die Araber nach Okzitanien gebracht hatten – Oud nannten sie es, von »Al du«, das Holz. Und das war es auch, ein singendes Holz. In Gedanken versunken harrte er der Dinge, die da kommen würden.

Nach einer gefühlten Ewigkeit hörte Drogos eine laute Stimme. Es war Joscelin, der in scharfem Ton sagte: »Du machst jetzt, was ich dir sage, oder ich werde dir sehr wehtun!«

Kurz darauf befahl er: »Narr, spiel auf!«

Drogos versuchte sich auf sein Lautenspiel zu konzentrieren, doch es gelang ihm kaum. Als das Mädchen schrie, hielt er in seinem Spiel inne.

»Spiel weiter!«, befahl Joscelin. Das Mädchen schrie weiter. »Spiel lauter!«, brüllte der Graf und kurz darauf »Noch lauter!«

Der Narr schlug heftig die Saiten, plötzlich riss eine Saite mit einem hellen Pling. »Ein Zeichen«, schoss es ihm in den Sinn. Drogos löste die gerissene Saite vom Instrument und kam mit ihr in der Hand hinter dem Wandschirm hervor.

Der Tyrann bemerkte ihn nicht. Er lag auf einem sehr hellhäutigen, nackten Mädchen und versuchte, es gewaltsam zum Stillhalten zu zwingen. Das Mädchen erinnerte Drogos frappierend an seine geliebte kleine Schwester Magali.

Erinnerungen überschwemmten den Narrenritter, rissen ihn drei Jahre zurück: Joscelin de Foix war wieder einmal auf der Jagd. Auf seiner ganz persönlichen Art der Jagd – nach jungen Mädchen. Seine Suche nach »Frischfleisch« für seinen Harem hatte ihn nach Castelnau-Durban geführt, der Heimat der Familie de Merlon. Das kleine Dorf mit seiner Burg lag abseits der Handelsstraßen und Fremde kamen so gut wie nie hierher. Doch an diesem Tag sollte der Satan persönlich Einzug halten, der Teufel in Gestalt von Joscelin de Foix.

Drogos weilte zu dieser Zeit im Auftrag von Roger Bernhard II. von Foix im nahen Tal von Andorra. Obwohl er nichts dafür konnte, warf er sich seine damalige Abwesenheit jeden einzelnen Tag vor. Seine sechzehnjährige Schwester Magali war auf dem Abhang unterhalb der Burg, um nach den Schafen zu sehen, da einige Muttertiere kurz vor dem Lammen waren. Da kam eine Gruppe von einem Dutzend Reitern des Wegs, deren Anführer Joscelin war. Er befahl: »Schnappt sie euch!«, und der Trupp verschwand mit dem Mädchen im nahen Wald. Dort verging sich der Unhold an ihr. Als wäre dies nicht schlimm genug, zerschnitt er ihr mit einem Messer die Wangen und höhnte: »Damit ich bei unserem Wiedersehen weiß, dass ich dich schon gehabt habe.«

Noch am gleichen Tag stürzte sich Magali vom Burgturm.

Drogos sah das Mädchen, das sich verzweifelt gegen Joscelin wehrte. Gleichzeitig sah er seine geliebte Schwester. Unsägliche Wut überkam ihn. Er trat von hinten an den Grafen, der ihn in seiner Geilheit nicht hörte, legte ihm die Lautensaite um den Hals und zog sofort mit aller Kraft zu. Und sein Zorn gab ihm sehr viel Kraft. Joscelin ließ die Hände von dem Mädchen und versuchte die Saite zu greifen. Doch Drogos zog ihn von seinem Opfer weg und drückte seine beiden Knie in den Rücken des Unholds. Der versuchte noch zappelnd nach ihm zu greifen, doch es gelang ihm nicht. Seine Bewegungen wurden immer schwächer und schließlich erstarben sie. Joscelin de Foix hatte sich in Richtung Hölle verabschiedet.

Das Mädchen kauerte schluchzend neben dem Paravent. Drogos nahm den Umhang, in dem sie wohl hierher geführt worden war und legte ihn ihr sanft über die Schultern. »Keine Angst. Es besteht keine Gefahr mehr, du bist in Sicherheit. Ich bringe dich hier weg, ohne dass dich die Knechte des Grafen sehen«.

Dann führte er sie über den Geheimgang zur Tür des Harems und übergab sie dort den anderen Frauen.

***

Nachdem Drogos de Merlon mehr als eine Stunde vom höchsten Turm der Burg in die Nacht gestarrt hatte, begab er sich zum Quartier des Burgvogts.

Ramon de Cardelhac war ein durch und durch aufrechter Mann, hatte viele Jahre Simons Großvater gedient, so wie sein Vater dessen Vater gedient hatte. Er war Verwalter nicht nur von Beruf, sondern auch vom Charakter her. Die Loyalität in seiner Familie galt stets der Burg, nicht unbedingt dem gerade herrschenden Burgherrn. Ramon de Cardelhac diente im Prinzip keinem Herren, sondern seinem eigenen kleinen Reich, das hoch über Foix thronte. Seine Treue war an keine bestimmte Person geknüpft, sondern an ein Ideal in seinem Kopf. Das Treiben von Joscelin hatte er seit dessen Machtübernahme mit Unbehagen, Abscheu und Verachtung betrachtet, doch Herr war eben Herr und jeder war, wie er war.

Als ihm Drogos vom Ableben des Grafen und den näheren Umständen berichtete, sagte er lakonisch: »Das musste ja so kommen. Der Wille des Herrn geschehe! Doch nun sollten wir den Verblichenen kühl lagern, bis sich die Lage klärt. Ich werde gleich veranlassen, dass man den Leichnam in die Kellergewölbe schafft.« Mit einem Kopfnicken Richtung Tür entließ er Drogos.

Das Motto von Ramon de Cardelhac war: »Der Burgherr ist tot, es lebe die Burg!«

Er befahl den Treuesten seiner Burgwache Joscelins fanatischste Diener noch in der Nacht festzusetzen und in den Kerker zu werfen. Dort sollten sie auf ihren Prozess warten.

Kurz nach Sonnenaufgang schickte er nach dem nächsten greifbaren Verwandten und möglichen Erben: Simon de Tarascon.

Der Burgvogt würde in einer Situation wie dieser niemals den Ort des Geschehens verlassen, deshalb sandte er seinen Sohn Mascaro, den potenziellen neuen Herrscher über die Burg zu verständigen. Dieser und Simon kannten sich schon seit Kindertagen und Ramon hielt es für angemessen, ihn als Boten in die Abtei zu senden.

* * *

Wenig später klopfte Mascaro de Cardelhac an die Pforte der Abtei und bat darum, mit Simon de Tarascon zu sprechen.

Simon war erstaunt, den Freund aus Kinder- und Jugendtagen zu sehen.

»Mein alter Gefährte, welch Freude! Was führt dich zu mir?«

»Joscelin ist etwas zugestoßen. Ich weiß nicht genau, was passiert ist, doch er ist tot.«

»Wirklich?«, fragte Simon ungläubig.

»Ja. Er liegt mausetot im Eiskeller der Burg«, antwortete Mascaro. »Mein Vater bittet dich, kommissarisch das Kommando über Burg und Stadt zu übernehmen. Es braucht jetzt eine legitime ordnende Hand.«

* * *

Bevor Simon zur Burg ritt, machte er noch einen Umweg über den »Adler«, das Gasthaus von Bernatz Jordas. Viele seiner Brüder und Cousins füllten die Wirtsstube, obwohl es noch früh am Morgen war. Trotz der von Ramon de Cardelhac verhängten Nachrichtensperre, hatte die Familie Jordas bereits von den Ereignissen erfahren. Simon bat Bernatz, die »frohe Botschaft« vom Tod des Tyrannen durch seine Verwandten in die Berge bringen zu lassen. Sein Onkel Roger würde dies sicher als Signal zur Rückkehr sehen.

Dann ritt Simon weiter zum Lager der Basken und traf sich mit Mikel Laboa, Albrecht von Colmberg, Veit Ries und Gilbert. Kurz darauf waren die baskischen Söldner in ganz Foix unterwegs, um eventuelle Anhänger Joscelins zu entwaffnen. Doch von denen gab es nur wenige und die verspürten keine Lust, für einen toten Tyrannen ihr Leben zu riskieren. Noch bevor die Sonne im Zenit stand, kontrollierten die Basken die Stadt und sorgten für Ruhe.

* * *

Mit dem Mittagsgeläut von Saint Volusien ritt Graf Roger IV. de Foix mit einem kleinen Trupp in die Stadt ein und sofort zur Burg. Dort erwartete ihn bereits der Vogt und an dessen Seite sein Neffe Simon.

Er ließ sich von den beiden die Situation in Foix erläutern und gab Anweisungen zum weiteren Vorgehen. Als ihm Simon von seiner Abmachung mit den Basken erzählte, stutzte er kurz und sagte verschmitzt: »Interessant, wie du mein Geld ausgeben hast.«

»Nun, zu diesem Zeitpunkt galtst du als tot, also habe ich rechtlich gesehen, mein eigenes Erbe ausgegeben. Bereust du es, lebendig zurückgekehrt zu sein, mein lieber Onkel?«, antwortete Simon.

Roger lachte schallend: »Gut gekontert, mein lieber Neffe. Ich werde die Basken wie vereinbart bezahlen und auch das Aufgeld, dass Du versprochen hast.«

Dann wurde er sehr ernst. Er gab den Befehl, Joscelins Leichnam in die Berge zu bringen. Dort sollte man ihn ohne Hüllen in der Wildnis in einem kleinen Tal an einem Platz ablegen, den man Wolfsfurt nennt. Nur wenige Einheimische kannten diesen Ort. So sollte es sein, dass kein Kreuz und kein Stein an den Mörder erinnert. Auf dass der Unmensch Joscelin von den wilden Tieren gefressen werde und seine sterblichen Überreste vom Antlitz der Erde getilgt seien.

Dann wandte er sich an Simon: »Mein lieber Neffe, man teilte mir mit, dass deine Mutter wohlauf ist. Das freut mich über die Maßen und ich würde sie gerne bald wiedersehen. Dir danke ich für deine Loyalität und Umsicht. Es würde mich freuen, dich auch künftig an meiner Seite zu haben, als Ratgeber und als Unterstützer. Mein eigener Sohn Roger Bernard ist erst ein Jahr alt, so könntest du bis zu seiner Volljährigkeit mit mir als mein Stellvertreter die Geschicke der Grafschaft lenken.«

»Dein Angebot ehrt mich, werter Onkel. Allein, ich habe ein Gelübde abgelegt und das kann und will ich nicht brechen. Die Ordensoberen hatten mir gestattet, mich um Familienangelegenheiten zu kümmern und diese zu regeln. Nachdem dies, wie mir scheint, ganz gut gelungen ist, möchte ich mich wieder meinen Aufgaben im Dienst meiner Bruderschaft widmen.«

»Wohl dem, der solch einen treuen Ritter hat, mein lieber Neffe! Ich danke dir für alles, was du für mich und Foix getan hast. Du hast unserem Namen Ehre gemacht! Wohin auch immer dich dein Weg nun führen mag, ich wünsche dir alles Gute. Wisse, dass du hier immer willkommen bist und eine Heimstatt hast.«

* * *

So vieles bewegte Simons Gedanken und sein Herz, dass er sich vorkam wie in der sturmumtosten Nacht seiner Geburt auf der wilden Ariège.

War dies seine zweite Geburt? Wohin würde ihn der reißende Fluss diesmal bringen? Er musste unbedingt mit jemanden reden.

Vor der Komplet, dem Gebet, das den mönchischen Tag beschließt, suchte er das Gespräch mit dem Abt von Saint Volusien, Bruder Martin de Gordo. Denn nach der Komplet herrschte strenges Schweigegebot bis zur Matutin, dem Morgengebet.

Es sprudelte aus Simon heraus, seine Worte waren manchmal etwas wirr, dann wieder schweifte er ab. Er vertraute dem Abt und Bruder und redete sich alles von der Seele. Er sprach von früher, von seiner Jugend in Okzitanien, er sprach von seiner Anfangszeit beim Templerorden in Paris und von den Kämpfen im Heiligen Land. Er sprach von seiner Enttäuschung und Erschütterung durch das Massaker von Nablus, er sprach vom Gral, von Montségur und von seiner Liebe zu Ylonda.

Nach dem Wortschwall des Mönchsritters nickte der Abt verständnisvoll und sagte: »Lass die Nacht deine inneren Wogen glätten, mein Bruder, und nach dem Morgengebet wollen wir darüber reden.« Dann machte er mit dem Daumen ein Kreuzzeichen auf Simons Stirn und segnete ihn.

»Welchen Sinn hat dies alles?«, fragte Simon am nächsten Morgen den Abt. »Das Unrecht gedeiht an allen Ecken und die Gerechten leiden.«

»Du hast recht, mein Bruder«, antwortete Martin de Gordo. »Gott scheint derzeit wenig auf seine Schöpfung zu achten. Aber deine Fragen sind wohl so alt wie die Welt.«

»Aber wo sind die Antworten? Ich finde sie nicht! Ich taumle von Frage zu Frage, ohne Orientierung, ohne Halt. Gibt es überhaupt Antworten?« In Simons Stimme schwang Verzweiflung.

»Du bist nicht allein mit deiner Suche. Auch ich suche Antworten, hoffe sie in der Stille zu finden, doch oft macht mir die Stille inzwischen Angst. Dann lasse ich die Bücher zu mir sprechen. Ubi sunt? Wo sind sie? Wo sind die Blumen des letzten Sommers? Wo ist der Schnee vom vergangenen Jahr? Denke an die Schrift und das Buch Baruch, mein Freund und Bruder!«, sagte der Abt. »Wo sind die Gebieter der Völker, die selbst die Tiere der Erde beherrschten, die mit den Vögeln des Himmels spielten, die Silber zu Schätzen häuften und Gold, auf welches die Menschen vertrauten, die das Silber schmiedeten und um Hilfe angerufen wurden, und doch wird ihr Werk nirgends gefunden, ausgelöscht sind sie und in die Unterwelt hinabgestiegen.«

»Wenn alles versinkt und verschwindet, wenn ein blanker Knochen wie der andere ist, wozu soll ich mein Schwert noch aus der Scheide ziehen? Wofür lohnt ein Kampf, wenn alles vergeht? Was du sagst, mein Freund, klingt so schrecklich dunkel. Wo bleibt da die Hoffnung?«, fragte Simon traurig.

»Nein, es ist nicht dunkel, es ist der Lauf der Welt. Jeder hat seine eigene Zeit auf Erden und die gilt es zu nutzen!«

»Doch wie nutze ich sie wohl? Nach wessen Bestem soll ich handeln in der kurzen Spanne meiner Zeit?«, wollte Simon wissen.

»Deine Erfahrungen und dein Verstand, dein Herz und dein Gewissen sollen deine Ratgeber sein. Wäge ab, was für dich von Wert ist, wohin deine Sehnsucht zielt und du wirst deinen Weg erkennen. Du lebst und kämpfst jetzt, hier, heute, nicht für den Ruhm derer, die erst morgen leben.«

»Was aber, wenn da gar keiner ist, der am Ende zu Gericht sitzt? Wenn es ein Trugbild ist, eine Fantasie dürstender Propheten in der Wüste?«

Der Abt schwieg eine Zeit lang, schien in sich hineinzuhören, dann sagte er: »Du magst recht haben, mein Bruder. Es kann gut sein, dass du nach deinem Ende nicht vor einem Richter stehst. Alles kann ganz anders sein, als man es uns gesagt hat. Stell dir vor, du stehst nicht vor einem Gericht, sondern vor einem Spiegel! Du selbst könntest dein eigener Richter sein und musst die Frage beantworten: Habe ich stets richtig gehandelt? Habe ich mich gegen das Unrecht gestellt, wo immer es mir begegnet ist? Oder bin ich doch ein ums andere Mal weitergeritten, als ich um der Gerechtigkeit willen bleiben sollte, das Schwert zu ziehen?«

»Auch auf diese Fragen weiß ich keine Antwort«, sagte Simon leise.

»Dann ist es vielleicht noch nicht die Zeit dafür. Geh weiter deinen Weg mein Bruder, ich denke, du hast ein gutes Gespür. Verlass dich auf dich selbst. Deine innere Stimme und die Sterne werden dich leiten.«

»Die Sterne? Meinst du die Astrologie?«

»Nein, ich meine die Sterne, die am Himmel funkeln

und uns die Richtung anzeigen. Ich denke, du solltest dem Polarstern folgen, nach Norden. Geh dorthin zurück, wo es für dich angefangen hat: in den *Enclos du Temple*, in den Bezirk des Tempels nach Paris, in das Hauptquartier deines Ordens.«

* * *

Gegen Abend erreichten Simon, Albrecht, Veit, Gilbert und Drogos dessen Heimatort Castelnau-Durban. Man beschloss dort zu übernachten, und da Drogos hier bekannt war, bat man auf der Burg um Quartier, das ihnen gerne gewährt wurde. Die Burgbewohner freuten sich sehr über die guten Neuigkeiten aus Foix und das Ende der Herrschaft des Tyrannen.

Nach dem Abendessen bat Simon Drogos, ihnen von den Umständen von Joscelins Tod zu berichten. Der Narrenritter erzählte mit leiser Stimme, dass es von Anfang an seine Absicht gewesen sei, sich an dem Vergewaltiger und Mörder seiner Schwester zu rächen. Doch Simons entschiedenes Vorhaben, den Verbrecher den Prozess durch seinen Onkel machen zu lassen, hatte ihn davon abgehalten. Er wollte dann als weiterer Ankläger im Namen seiner Schwester Magali auftreten. »Doch dann kam vor drei Tagen der verhängnisvolle Abend, an dem Joscelin mir befahl, die Musik zu seiner Vergewaltigung eines jungen Mädchens zu spielen. Hinter einem Paravent zupfte ich die Laute und hörte, wie er der Ärmsten Gewalt antun wollte. Als dann eine Saite meines Instruments riss, sah ich darin ein Zeichen. Ich trat nach vorn, sah das Mädchen, das in diesem Moment aussah wie meine Magali und ich musste ihr helfen. Diesmal musste es mir gelingen, sie zu retten. Und es gelang. Ich weiß immer noch nicht ihren Namen, für mich war und ist sie Magali. Eine Magali, die nun doch noch eine Chance auf ein Leben hat. Bitte verzeih mir, dass ich deine Pläne durchkreuzt habe und es nun nicht mehr zu einem öffentlichen Prozess kommt, Simon.«

Simon stand auf und umarmte Drogos. »Du hast das Richtige getan. Ich danke dir dafür, mein Freund.«

Als sie am nächsten Morgen ihre Pferde sattelten, sagte Drogos: »Liebe Freunde, meine Reise ist vorerst hier zu Ende. Hier lebt meine Familie, hier bin ich zuhause. Ich habe getan, was ich als meine Pflicht ansah. Nun will ich versuchen, mein Leben zu leben, ohne Hass und Rachedurst. Vielleicht gelingt mir ein Leben ohne Schwert und nur ab und zu mit einer kleinen Narretei.«

* * *

Am nächsten Tag erreichten Simon, Albrecht, Veit und Gilbert nach einem langen Ritt bei Beginn der Abenddämmerung Saint Gaudens. Da es schon spät am Tag war und im Kloster bereits Stille herrschte, verabredete man sich für den nächsten Vormittag im Klostergarten. So konnten sich die erschöpften Reiter erst einmal von den Strapazen der Reise erholen.

Nach der Frühmesse trafen sich die Ankömmlinge mit Simons Mutter, seiner Cousine Blanche, Jean de Lantar und Rubinho im Kreuzgang, der den Klostergarten umgab. Freudig berichtete Simon, dass sein Onkel Roger am Leben sei.

»Das wissen wir doch längst«, sagte seine Mutter.

»Aber woher? Wie könnt ihr …?«, staunte Simon.

»Rubinho hat es schon vor Tagen in seinen Zauberkarten gesehen und uns vorausgesagt«, antwortete seine Mutter schmunzelnd.

»Wie? Zauber? Zukunft? Karten? Rubinho ein Magier?«

»Schon gut mein Sohn, es war ein Scherz. Du weißt doch, Zungen reisen schneller als die Menschen. Als mein Bruder in Foix einmarschierte, kamen kurz vorher Boten hierher, die uns über seine Rückkehr informierten. Aber erzähl bitte, was geschah vor Ort. Wie gelang es euch, Joscelin zu besiegen? Vor allem, wie geht es jetzt weiter?«

So berichtete Simon, immer wieder unterbrochen von Ergänzungen und Ausschmückungen der anderen, von den Ereignissen in Foix. Als er schließlich endete, ertönte bereits die Glocke zur Sext und dem anschließenden Mittagsmahl.

Am Nachmittag sprach man über Zukunftspläne. Simons Mutter sagte: »Ich will in Foix bei meinem Bruder bleiben, in Tarascon-sur-Ariège ist es doch sehr einsam geworden.«

Blanche wollte auch zu Graf Roger, erhoffte sie sich doch von ihm Unterstützung zur Befreiung ihres inhaftierten Vaters. Und Jean de Lantar beabsichtigte, dem rechtmäßigen Herren von Foix seine ritterlichen Dienste anzubieten.

Die anderen fünf wollten nach Paris aufbrechen. Es war Simon, der dieses Ziel vorgab: »Ich denke, in Paris im *Enclos du Temple* gibt es klügere und weisere Männer als mich. Sie werden wissen, was mit dem Gral und den Merowinger Dokumenten geschehen soll. Ich weiß keinen sichereren Ort als unser Hauptquartier. Deshalb werden Albrecht und ich uns dorthin begeben. Ich würde mich freuen, wenn wir die lange Reise nicht alleine machen müssten. Veit, Gilbert und Rubinho riefen gleichzeitig: »Ich bin dabei!«

Als sie am nächsten Morgen das Kloster in Richtung Norden verließen, fiel Simons Blick auf die Inschrift über dem großen Tor:

DA PACEM DOMINE IN DIEBUS NOSTRIS
GIB FRIEDEN, HERR, IN UNSEREN TAGEN

Anhang

Der Templer und die Katharer – Personen

*(Die mit * gekennzeichneten Personen sind fiktiv)*

Simon de Tarascon*	Tempelritter
Blanche de Tarascon*	Mutter von Simon de Tarascon
Albrecht von Colmberg*	Tempelritter, Waffengefährte von Simon
Ylonda*	Katharerin
Gilbert*	Katharer, Bruder von Ylonda
Blanche de Miglos*	Tochter des Arnaud de Miglos, Cousine von Simon
Arnaud de Miglos	Burgherr von Miglos, Unterstützer der Katharer
Ramon de Perella	Söldnerführer im Dienst der Katharer
Pierre-Roger de Mirepoix	Kommandant der Verteidiger von Montségur

Armand de Périgord	Großmeister des Templerordens
Pierre Amiel	Erzbischof von Narbonne
Raimond VII.	Graf von Toulouse, Sympathisant der Katharer
Ludwig IX.	genannt „der Heilige“, König von Frankreich
Bertrand d’en Marti	Bischof auf Montségur
Bernard de Preixan	Templer, Kommandant in Limoux
Ulrich von Hohenstein*	Templer, Komtur von Jaffa
Joscelin de Foix*	Graf von Foix und Andorra, Onkel von Simon de Tarascon, Bruder seiner Mutter Blanche
Roger IV. de Foix	Bruder von Joscelin und Blanche, rechtmäßiger Erbe
Hugues des Arcis	Seneschall von Carcassonne
Mikel Laboa*	Kommandant der baskischen Söldner
Jean de Lantar*	Ritter, Enkel der Marquésia de Lantar

Veit Ries*	Söldner aus Rothenburg ob der Tauber
Ferrier	genannt „der Katalane“, Inquisitor
Ruben von Toledo* gen. Rubinho *(Vollständiger Name: Ruben Magdala ben Abraham da Bobadilla y Toledo)*	Spanischer Jude, Händler, Heiler, Fälscher, Dolmetscher, Apotheker, Schriftgelehrter, Schmuggler usw.
Martin de Gordo*	Abt des Klosters Saint Volusien in Foix
Yoris*	taubstummer Diener von Arnaud de Miglos
Aimery de Castelnau	Kommandant der Kreuzzugstruppen gegen Miglos
Giovanni da Plano Carpini	Franziskanermönch in Diensten von Papst Innozenz IV.
Drogos de Merlon*	aus Castelnau-Durban, früher Ritter; Narr in Diensten von Arnaud de Miglos, später bei Joscelin de Foix, der ihn Babau nennt

Bernatz Jordas*	Wirt des *Agleta* (Adler) in Foix, Spion
Ramon de Cardelhac*	Vogt der Burg Foix

Wolfram von Eschenbach – Ritter und Humanist

Wolfram von Eschenbach gilt als herausragender deutscher Dichter des Mittelalters. Vor allem sein alles überstrahlendes Epos »Parzival« macht ihn bis auf den heutigen Tag berühmt, gleichzeitig treten aber im Glanz des Grals viele seiner Aussagen und Anliegen in den Hintergrund.

Wolframs Lebens- bzw. Schaffenszeit wird mit ca. 1170 bis 1220 angegeben. Dies erschließt sich aus seinem Werk, den Spuren, Verflechtungen und Selbstaussagen, die der Dichter darin preisgibt. Denn über Wolfram von Eschenbach gibt es außerhalb seiner Dichtung kein Dokument. Wie seine Kollegen Hartmann von der Aue, Gottfried von Straßburg und der unbekannte Dichter des Nibelungenliedes, wird Wolfram in keiner Urkunde erwähnt. Immerhin hat der Nürnberger Patrizier Johann Wilhelm Kress von Kressenstein in seinem Reisenotizbuch von 1608 Wolframs Grabinschrift überliefert. Die fand er im Frauenmünster zu Ober-Eschenbach, dem heutigen Wolframs-Eschenbach: »Hie ligt der streng Ritter her Wolffram zu Eschenbach ein Meister Singer«.

Allerdings ist sich die neuere Forschung sicher, dass es sich hier lediglich um ein später installiertes Xenotaph (Gastgrab) handelte, da man im Mittelalter keinem fahrenden Sänger und Angehörigen des Dienstadels ein Hochgrab in einem Münster stiftete.

Literatur brauchte damals wie heute Freunde und Gönner und Wolfram hat seine »Sponsoren« in seinen Werken verewigt. Daher kennen wir die Namen der Mäzene des armen Poetenritters aus Mittelfranken: Die Grafen von Abenberg, Landgraf Hermann von Thüringen (1155–1217), die Grafen von Wertheim in Unterfranken und die Edelherren von Dürne im Odenwald. Doch trotz dieser Gönner war Wolfram wohl zeit seines Lebens nicht mit Reichtümern gesegnet und er schreibt im »Parzival«:

»... dort, wo ich oft vom Pferd steige und wo man ›mein Herr‹ zu mir sagt, nämlich zu Hause, in meinen vier Wänden, da haben selbst die Mäuse keinen Grund zum feiern. Die müßten sich ihr Futter schon selbst zusammenstehlen ...«
[»Parzival« 184.27–185.8]

Aus Wolframs Selbstzeugnissen in »Parzival« und »Willehalm« geht hervor, dass er verheiratet war, Bruder und Schwester und zumindest eine Tochter hatte.

Auch seine Zugehörigkeit zum Ritterstand bezeugt er selbst am Ende des 2. Buches von Parzival: »Dem Rittertum gehöre ich an durch Geburt und Erziehung«.

Wolfram war arm und er besaß nicht die geistliche Schulbildung seiner Kollegen, aber er war ein stolzer und genialer Autodidakt, der über sich selbst schrieb: »Was in den Büchern geschrieben steht, davon habe ich wenig gelernt. Meine Bildung besteht einzig und allein in meiner künstlerischen Begabung; ihr verdanke ich mein Können.«
[»Willehalm« 2.19–22]

Dabei war er stets wissbegierig und machte alles, was er an Kenntnissen erwarb, seiner Dichtung dienstbar: astrologisches Wissen, Beschreibungen über die Heilkräfte von Edelsteinen (er war quasi Zeitgenosse von Hildegard von Bingen, 1098–1179), Berichte über zeitgenössische deutsche und französische Literatur und Volkssagen ebenso wie Kreuzzugsberichte.

Ob Wolfram von Eschenbach an einem Kreuzzug teilgenommen hat, kann nicht mit Sicherheit gesagt werden. Wenn, dann höchstwahrscheinlich am 3. Kreuzzug (1189–92) unter Friedrich I. Barbarossa bzw. Richard Löwenherz, als das Heer der Franken sich in Regensburg sammelte.

Mit Sicherheit aber hatte Wolfram Schilderungen aus erster Hand (sein Lehnsherr Graf Friedrich II. von Abenberg und der Landgraf Ludwig von Thüringen hatten am 3. Kreuzzug teilgenommen), deren Eindrücke und Wirkung sich vor allem in seinem Epos »Willehalm« niederschlagen.

Auch wann Wolfram starb, wissen wir nicht. Aber ich kann mir vorstellen, dass es ein karger Leichenschmaus war.

Wolframs Werke

»Parzival«, Wolframs Erstlingswerk entstand ca. zwischen 1200 und 1210. Als seinen Dienstherren erwähnt er im Text (184.4) den Grafen von Wertheim.

»Titurel«, ein unvollendetes strophisches Epos, das inhaltlich Motive aus dem Parzival aufgreift und weiter ausführt gibt einen Hinweis auf Hermann von Thüringen (eingeschoben zwischen der 82. und 83. Strophe).

»Willehalm« entstand ca. zwischen 1210 und 1220. Die Vorlage für dieses Epos erhielt Wolfram laut eigener Aussage im Vorwort von seinem Gönner, Landgraf Hermann von Thüringen.

Des Weiteren sind von Wolfram acht Lieder überliefert, die in keinem gesicherten chronologischen Zusammenhang mit seinen Epen stehen, man nimmt jedoch an, dass sie vor dem Parzival entstanden. Drei Lieder sind Minnelieder und fünf sogenannte Tagelieder, d. h. sie handeln von der Trennung der Liebenden bei Tagesanbruch.

Ursprünge des Ritterwesens

Wer in Rittern nur gepanzerte Kampfmaschinen aus der Vergangenheit sieht, liegt so falsch wie der, für den ein Kreuz nur ein römisches Marterinstrument ist.

Ritter waren immer mehr als nur Krieger, mehr als nur Kämpfer auf Pferden.

Um dem Ritter, Minnesänger und Humanisten Wolfram von Eschenbach nahezukommen, ist es sicher notwendig, einen Blick auf die Entwicklung dieses Standes, der in Wirklichkeit auch ein nationenüberspannender Bund war, zu werfen.

Nach der germanischen Niederlage in der Schlacht von Xerez de la Frontera im Jahr 711 erkannte Karl Martell die Ursache: die Unterlegenheit eines auf Heerbann, also Aushebung nach Bedarf, beruhenden Germanenheeres gegenüber einem geschulten, geübten, aus Berufskriegern bestehenden arabischen Reiterheeres.

Da er wusste, dass die Reiterwoge nicht in Spanien innehalten würde, sondern weiterziehen nach Norden, gründete er ein europäisch-fränkisches Äquivalent – der feindliche und dennoch tiefbrüderliche Zwilling des östlichen Rittertums war geboren.

Dazu mussten aber erst Voraussetzungen geschaffen werden, um in einer vorwiegend auf Naturalienwirtschaft gegründeten Gesellschaft das Entstehen und Bestehen von Berufskriegern zu ermöglichen.

Das führte zur »Erfindung« des Lehenswesens, d. h. damit der Ritter sich ganz dem Kriegsdienst widmen konnte, wurde ihm Land mitsamt es bestellenden Leuten »geliehen«. Die neuen Reiterkrieger waren unmittelbar ihren Lehnsherren unterstellt, so wie Wolfram von Eschenbach zuerst den Grafen von Abenberg und später den Grafen von Wertheim zur Gefolgschaft verpflichtet.

Das neue Lehensrecht wurde von Martells Nachfolgern weiter ausgebaut und nach und nach löste es das, bei der fränkischen Staatsverwaltung von den Römern übernommene Amtsrecht ab.

In der zweiten Hälfte des 12. Jahrhunderts ist das Heilige Römische Reich ein voll ausgebildetes Lehensreich mit König und Kaiser an der Spitze.

Vom Reiterkrieger zum Rittertum

Doch wie hat sich aus dieser neuen Kriegerkaste eine Lebenshaltung entwickelt?

Die meisten Ritter waren keineswegs reich, wie auch das Beispiel Wolfram von Eschenbachs zeigt. Trotzdem gelang es der neuen Schicht des Ministerialadels, d. h. Dienstadels, ein Bewusstsein zu entwickeln, das bis heute nachhallt.

Rudolf Fahrner machte auf der Suche nach den äußeren Umständen des »Ritterberufs« einige interessante Ausführungen: »Zunächst findet durch das Besteigen des Pferderückens eine wirkliche räumliche Erhöhung statt, die ein Gefühl des Erhobenseins, ja der Entrückung aus der üblichen Lebensart erzeugt. [...] Es kommt weiter hinzu, dass man durch die in der Vereinigung mit dem Pferde gewonnene Schnelligkeit und Wucht der Bewegung gleichsam in eine andere Daseinsart gerückt wurde und sich als neues Doppelwesen empfinden konnte.«

Die Dichtung des Mittelalters ist voll von Zeugnissen dieser Erhöhung und auch der tiefen Gemeinschaft und Verbundenheit von Ross und Reiter.

Um einem solchen Menschen ebenbürtig zu sein, müsste man schon selbst auch auf einem Pferd sitzen.

Das Lehenswesen gründet sich auf ein komplexes Geflecht von gegenseitigen Treue- und Schutzverpflichtungen. Der Berufung zum Ritter ging eine Auswahl voraus und der Dienst basiert auf Freiwilligkeit. Zur germanischen Sippenpflicht kam nun eine neuartige Form der Gefolgschaft, die auf Überzeugung, Sympathien und Idealen beruhte.

Der neue »Männerbund« vereinnahmte sehr schnell für sich heroische Legenden aus der Vorzeit und der Antike. Es entstanden Erziehungsgemeinschaften, in denen junge Männer als Knappen sowohl im Waffenhandwerk, als auch in den ritterlichen Tugenden unterwiesen wurden. Dies war eine Ausbildung zu einem Lebensgefühl, das weit über das Kriegerische hinauswies.

Das Rittersein wurde in Epen und Liedern als etwas Erstrebenswertes dargestellt, als tugendhaft, gottgefällig und vorbildlich. Der neue Stand hatte ein »Image« im Reich, wie es besser nicht sein konnte.

Die Entwicklung einer ritterlichen Ethik

Die Dichter sangen das Hohelied der Ritterlichkeit und die Ritter selbst maßen sich an diesem Anspruch. Es mag in unserer heutigen Zeit mit ihrem Mangel an inneren Bildern schwer nachzuvollziehen sein, was in dieser Zeit, die reich an diesen Bildern war, in den Menschen vorging.

Sicher waren die Ritter am Anfang nur Reiterkrieger. Doch je länger die neue Kaste existierte, desto mehr verfeinerte sie ihre Übungen, Regeln, Gebräuche, Sitten und auch das Bewusstsein ihrer selbst.

Eine große Rolle spielten religiöse und magische Mächte, Symbole und Embleme, Gottesglaube und Zaubertum gleichermaßen.

Der Ritter musste sich seiner »Queste« stellen, seiner ganz persönlichen Herausforderung. Er musste Prüfungen bestehen und sich vielfältig bewähren. Dabei waren die Erfüllung der ritterlichen Tugenden mindestens so wichtig wie der »praktische Erfolg«: Kameradschaft und Freundschaft, Stärke und Tapferkeit, Treue und Mut.

Dazu kam etwas ganz Entscheidendes: die Achtung vor dem Gegner, dem man im ritterlichen Ehrenkodex verbunden war.

Dies drückte sich in der Praxis durch das Einhalten festgelegter Rituale aus: Der Kampf konnte nur unter Rittern, sprich gleich gut ausgebildeten und ausgerüsteten Kämpfern stattfinden; kein Kampf fand ohne vorherige Ansage statt; Ausführung des Kampfes nur mit gleichen Waffen; verlor ein Ritter das Pferd, so musste auch der Gegner vom Pferd steigen. Dazu kam, dass Gefangene ehrenvoll behandelt wurden und eine Schmähung des Unterlegenen tabu war.

Die Ehre des Gegners war so wichtig wie die eigene, »Wer Ehre gibt, dessen ist die Ehre«. Und Wolfram schreibt im »Willehalm« nach einer großen Schlacht: »Bezeichnet sie richtig mit ihren Namen und ihren Ländern. Man soll sie behutsam von der Erde aufheben, damit sie nicht zur Beute werden einem Wolf, einem Raben.«
[»Willehalm« 462.18–23]

Um die Festschreibung und die Verbreitung ritterlicher Prinzipien haben sich vor allem zwei Frauen verdient gemacht: Eleonore (eigentlich Alianor) von Aquitanien und ihre Tochter Marie. Alianor wurde als Enkelin des ersten Troubadours Wilhelm IX. von Aquitanien 1120 oder 1122 geboren, war Gemahlin König Ludwigs VII. von Frankreich und später von Heinrich II. von England, mit dem sie

u. a. die Söhne Richard Löwenherz und Johann hatte. Sie starb 1204.

Zusammen mit ihrer Tochter Marie gründete sie die berühmte Minneschule von Poitiers, und Alianor war es, die Christian des Troyes, dem ersten Parzival-Dichter, den Stoff zu seinem Epos »Der Karrenritter« gab.

Alianor hatte große Wirkung auf die Ritterjugend, denn sie gab ihr Identität und Ideale. Ihre hohen Werte verbreiteten sich schnell in West und Ost, fanden Anklang bei den Fürsten und ihrem ritterlichen Gefolge. Der Unterschied zu den bis dato vorrangigen christlichen Idealen war eine neue, innere Haltung. Nicht die Vorstellung von göttlichem Gebot und Verbot, von Sünde und Vergebung spielte die Hauptrolle, sondern die Selbstachtung und Selbsterhöhung des Menschen durch eine freiwillig auferlegte Pflicht.

Ritter zwischen Okzident und Orient

Eine kriegerische Begegnung zwischen West und Ost hatte die Gründung der westlichen Ritterschaft ausgelöst. In der Folgezeit kam es zu vielfältigen Aufeinandertreffen, die aber nicht nur militärischen Charakter besaßen.

Gerade die Begegnungen in Folge der Kreuzzüge und der im Heiligen Land entstandenen Kreuzfahrerstaaten Jerusalem, Tripolis, Antiochia und Edessa wandelten das Bild vom »bösartigen, unkultivierten Heiden«. Es erwies sich als kirchlich-dogmatische Schimäre, ein künstlich aufgebautes Schreckgespenst.

Die Feudalherren des Abendlandes sahen nun in ihren morgenländischen Standesgenossen kultivierte Menschen, deren Lebenshaltung und -entfaltung eher vorbildlich, denn verabscheuenswürdig erschien. Es entstand das Bild vom »edlen Heiden«, die Zusammengehörigkeit auf der Ebene der herrschenden Klasse und das Streben nach einer toleranten Haltung in religiöser Hinsicht.

Eine besonders eindringliche Begegnung von Rittern aus West und Ost ist das Aufeinandertreffen von Richard Löwenherz und Sultan Saladin 1191.

Beide erkannten sich als Angehörige des gleichen Standes, sahen sich als ebenbürtig und verwandt an. Der Umgang der beiden miteinander hatte schon Zeitzeugen in Erstaunen oder Befremden, aber auch Bewunderung versetzt, je nach Standpunkt. Für uns heute klingen diese Begebenheiten oft mehr nach einem Märchen aus 1001 Nacht, denn nach historisch haltbaren Überlieferungen.

Dennoch sind es reale Geschehnisse und ihr Ablauf und Gehalt lässt sich nur aus dem Rittertum der beiden Beteiligten erklären.

So war der junge Saladin im Jahre 1174 vor Alexandria von Humfried von Toron, einem Templermeister, zum Ritter geschlagen worden. Richard Löwenherz wiederum schlug einen Bruder Saladins, al-Ãdil zum Ritter.

Ein Jahr lang standen sich Richard und Saladin 1191 als Gegner gegenüber. Dabei kam es zu mehreren Zeugnissen ritterlicher Gesinnung. Als Richard erkrankt war, sandte Saladin nicht nur seinen Arzt, sondern auch frisches Obst, Trank und Eis vom Berge Hermon. Als in der Schlacht von Jaffa Richards Ross fiel, schickte ihm Saladin mitten in der Schlacht zwei erlesene Pferde.

Die Krönung dieser Begegnungen sollte die Gründung eines neuen Reiches sein, in dem beide Religionen gleichberechtigt nebeneinander existieren sollten. Die beiden ritterlichen Kontrahenten wollten diesen Pakt durch die Heirat von Saladins Bruder al-Ãdil mit Richards Schwester Johanna besiegeln. Damit sollte die freie Religionsausübung und der Zugang zur Heiligen Stadt ebenso garantiert werden wie die Sicherheit der Pilgerwege. Diese Verbindung kam aber durch massive Einflussnahme von Seiten des Papstes nicht zustande, der es nicht zulassen konnte und wollte, dass im Heiligen Land ein die Religionen versöhnendes Ritterreich entstand. Richards späterer Versuch, statt seiner Schwester, die junge Tochter seines Bruders Geofrey, Konstanze von der Bretagne, zu verehelichen, scheiterte an der inzwischen zugespitzten Lage.

In Lessings »Nathan« können wir einen Teil dieser Versöhnungspolitik, die ja von Saladin getragen wurde, erspüren und erahnen.

Auch bei Wolfram von Eschenbach finden wir mannigfaltige Begegnungen von West und Ost. Der ganze »Willehalm« ist ein solches Aufeinandertreffen, das aber unter demselben unglücklichen Stern stand wie die Kreuzzüge.

Die Einflüsse der fränkischen Kreuzfahrerstaaten, der Austausch zwischen Ost und West, ist in Wolframs Werk unverkennbar. So häufen sich in seinen Epen die orientalischen geographischen Namen ebenso wie die Eigennamen arabischer Herrscher. Er verwendet für die Planeten nicht die römischen, sondern die arabischen Bezeichnungen, alle drei Epen Wolframs, »Parzival«, »Titurel« und »Willehalm«, haben Handlungsstränge, die in den Orient führen.

Der »Parzival« beginnt mit Rittertaten im Orient. Gahmuret, Königssohn aus Anjou in Frankreich, befreit die orientalische Königin Belakane und wird ihr Gemahl.

Er verlässt sie aus nicht genannten Gründen und gewinnt als neue Frau Herzeloyde, die Schwester des Gralskönigs, die ihm den Sohn Parzival schenkt.

Die verlassene Königin nennt ihren »Mischlingssohn« Feirefiz den »bunten Sohn«. Dieser Heide wird später als gleichwertiger Gegner auf seinen Halbbruder Parzival treffen und ihn besiegen. Als Parzival zum Gralskönig berufen wird, darf er nur einen Menschen auf die Gralsburg mitnehmen. Er wählt seinen heidnischen Bruder Feirefiz.

Wolfram von Eschenbach sieht also den heidnischen Ritterbruder als dem neuen Gralskönig gleichwertig und ebenbürtig an. Sie reiten gemeinsam zur Gralsburg, um die neue Herrschaft anzutreten.

Dass Wolfram dann Feirefiz auf der Gralsburg taufen lässt, ist wohl eher als Zugeständnis an die christliche Leser- und Zuhörerschaft, aber vor allem an den herrschenden Klerus, zu sehen. Doch trotz dieses Zugeständnisses erntete er harsche Kritik. Etliche seiner Dichterkollegen warfen Wolfram einen allzu freien Umgang mit der Vorlage, angeblich von Christian des Troyes, vor, während Wolfram selbst im Werk behauptet, seine Vorlage ginge auf Flegetanis zurück, einen heidnischen Naturforscher, der von Salomon selbst abstammte. Diese Quelle sei eine alte arabische Handschrift, die man in Toledo gefunden habe.

Die Literaturwissenschaft tut sich naturgemäß schwer mit dieser Aussage, vor allem weil Wolfram des Öfteren, gerade bei seinen Selbstzeugnissen, zur Ironie neigt.

Widerspruch von Anspruch und Wirklichkeit

Zu Wolfram von Eschenbachs Lebenszeit wirkten zum einen die hohen Ideale der Schule von Poitiers und die Berichte des Miteinanderumgehens aus dem Heiligen Land, zum anderen war das Reich selbst in einer desolaten Situation.

Der berühmteste deutsche Lyriker des Mittelalters, Walter von der Vogelweide, schrieb über die Zustände dieser Zeit: »Treulosigkeit lauert im Hinterhalt, Gewalttätigkeit treibt Straßenraub, Frieden und Recht sind todwund.«

Es ist eine Zeit, die von tiefen politischen und religiösen Krisen erschüttert wird. Das blutige Fehdewesen und eine feudale Anarchie führen zu Rechtsunsicherheit und Faustrecht. Nach der relativ stabilen Regierungszeit (1152–90) von Friedrich I. Barbarossa verfiel die Lage unter der Herrschaft Heinrichs VI., der eine abenteuerliche Eroberungspolitik im Mittelmeerraum betrieb. Es war die Zeit der staufisch-welfischen Rivalitätskämpfe, die seit 1198 im Gegenkönigtum Philipps von Schwaben und Ottos IV. ihren Ausdruck fanden. Als 1214 der Staufer Friedrich II. mit Unterstützung der römischen Kurie die Herrschergewalt in Deutschland zurückgewinnt, ist nichts mehr zu retten. Vor allem weil er sich auf die Errichtung eines vorbildlichen Königreichs in Sizilien und die Eroberung Italiens konzentriert.

Die Saat zur deutschen Kleinstaaterei ist gelegt. Die Ritter werden zum Spielball der Mächtigen, die nicht nach Ethos fragen, sondern nach gewonnenen Schlachten. Der Ritter wird zum Handlanger der Politik, seine Ideale der Effizienz geopfert.

»Da wurde solche Ritterschaft getan, will man sie recht benennen, sie kann fürwahr nur Mord heißen«.
[»Willehalm« 10.18–20]

Das Leid, das im Rittersein steckt, wird von Wolfram wiederholt thematisiert: »Ritter spielen riskant. / Das wißt auch ihr. / Wenn die Würfel gefallen sind, / Das Blatt gelegt ist, / Sind auch die Ritter/Gefallen/Gelegt«
[»Parzival« 248.10–13, »Parzival« 289.24, »Parzival«

115.19–20, »Willehalm« 415.16–17, »Willehalm« 427.26–27]

»Das Meer trägt nicht so viele Wogen, wie Menschen um Land und Burgen, um Ruhm und eine Frau erschlagen wurden.«
[»Willehalm« 8.12–14]

Umso mehr wächst die Sehnsucht, die edlen Tugenden der Ritterschaft zurückzugewinnen. Man muss sich vor Augen halten, dass Wolfram Stoffe wählte, die von seiner Zeit aus gesehen weit zurücklagen. Der »Willehalm« war von ihm zeitlich so weit entfernt wie wir vom Dreißigjährigen Krieg, der »Parzival« gar so weit wie wir von Wolfram.

Aber auch Lessing wählte für seinen »Nathan« ja nicht seine eigene Gegenwart, sondern das Zeitalter Wolframs.

Wolframs Werke sind auch ein Gegenentwurf zur Realität seiner Zeit, die Beschreibung eines Ideals und die Sehnsucht nach einer besseren, menschlicheren Welt.

Die Suche als Weg

Parzival wächst einsam im tiefen Wald auf, der einzige Mensch, den er kennt, ist seine Mutter Herzelȯyde. Doch dann sieht er eines Tages strahlende Ritter im Wald und ist nur noch von dem einen Wunsch beseelt, auch ein Ritter zu werden.

Er ist ein Narr, ein Suchender, der etwas erahnt, aber nichts weiß.

Seine Begegnung mit Sigune lässt erkennen, dass er ein mitfühlendes Wesen ist, dennoch lädt er schwere Schuld auf sich: Seiner Mutter bricht ob seines Weggangs das Herz, er stellt eine Frau bloß und er erschlägt in seinem Eifer, ein Ritter zu werden gar einen Verwandten. Erst am Hofe Gurnemanz' erhält er eine höfische Erziehung und wird in ritterlicher Waffenführung unterwiesen. Nach dieser Ausbildung ist er ein Mann und gewinnt die Zuneigung einer Frau, Pelrapeire. Dann trägt er die Schuld ab, die er gegenüber Sigune hatte und wird zum Artusritter.

Doch ein Artusritter bedeutet noch nicht, den Gral erlangen zu können. Die formale höfische Bildung heißt noch nicht, Herzensbildung zu besitzen. Deshalb versagt Parzival bei seinem ersten Besuch auf der Gralsburg. Nun folgt eine lange Zeit des Suchens, der Bewährung und des Reifens. Erst danach ist der glorreiche Artusritter so weit Persönlichkeit, erneut dem Gral zu begegnen. Nicht indem er einen großen Kampf gewinnt oder ein Ungeheuer erschlägt, wird er zum Gralskönig, sondern in dem er eine Mitleidsfrage stellt: »Oheim, was leidet ihr?«
[»Parzival« 795.29]

Damit ist Parzival endgültig als mitfühlendes, mitleidendes Wesen qualifiziert, der neue Gralskönig zu werden.

Der Toleranzgedanke bei Wolfram

Wolframs zweites großes Epos, »Willehalm«, ist ein beispielloses Plädoyer gegen die vorherrschende Kreuzzugsideologie und für die Toleranz.

Er beginnt sein Epos mit einem Gebet, das jedoch nicht allgemeiner Natur ist, sondern bereits die Handlung aufgreift und eine Perspektive zu ihr aufbaut.

Im Gegensatz zu seinen Dichterkollegen stellt Wolfram nicht nur einen Helden in das Zentrum seines Werkes, sondern stellt diesem gleichberechtigt eine Frau zur Seite. Diese ist die Gattin Willehalms, die getaufte Heidin Gyburg.

Wie schon im »Parzival« arbeitet Wolfram auch im »Willehalm« mit einer Paarung von Christ und Heide bzw. Heidin, die zusammen ein Ganzes ergeben.

Zum Verständnis der Wolframschen Intention hier kurz die Grundkonstellation des Epos:

»Willehalm« knüpft an die historischen Kämpfe der Franken und Sarazenen im 8. und 9. Jahrhundert und hier besonders an das »Rolandslied« an.

Wolfram gelingt es, den Konflikt zwischen Christen und Heiden zu personifizieren.

Die Gattin des Markgrafen Willehalm, Gyburg, war vor ihrer Taufe mit dem Heiden Tibalt verheiratet, mit dem sie auch Kinder hatte. Nun steht ihr Ex-Ehemann im Gefolge des Heidenkönigs Terramer, der ihr Vater ist, vor den Toren von Alischanz (Les Alychamps in Arles). Terramer will nicht weniger als die Herrschaft über das Heilige Römische Reich erlangen und nach seinem Sieg hier weiterziehen gegen Aachen, um dort den letzten großen Sieg über die fränkischen Christen zu erlangen.

Gyburg ist auch nach Flucht und Taufe ihrem ehemaligen Mann und ihren Kindern in Achtung und Respekt verbunden und steht so gefühlsmäßig zwischen den Fronten: Wer immer siegt, sie kann nur verlieren. An Gyburgs Konflikten und Leiden wird deutlich, wie der Erzähler Wolfram die Heiden sieht: Als gute Ritter, die für den Glauben kämpfen, den sie für wahr halten, die Respekt vor dem Feind haben und sich der Minne ebenso verpflichtet fühlen wie ihrem Lehnsherren.

So wagt es Wolfram, einer Frau und getauften Heidin, eine flammende Rede vor dem Thronrat in den Mund zu legen, die nicht nur Zeugnis für Toleranz ist, sondern darüber hinaus eintritt für das Geltenlassen des Anderen für sich selbst, die in der Verwandtschaft aller Menschen begründet ist.

So stand Gyburg auf und sprach zum Rat: »Wenn Gott jetzt auf Alischanz Euch den Sieg gibt über die Heiden, gebt

Acht, dass ihr dabei nicht in Verdammnis fallt. Nehmt an den Rat einer elenden Frau: Gebt Schonung den andern, die Gott auch erschuf mit eigener Hand.

Der erste Mensch, den Gott schuf, war ein Heide. Elia und Henoch sind gerettet, obwohl sie Heiden waren. Noah in der Arche – ein Heide.

Auch Hiob, ein Heide, und Gott verstieß ihn nicht. Denkt an die drei Könige, Kaspar, Melchior und Balthasar – Heiden, aber nicht zur Verdammnis bestimmt. Gott nahm an der Mutterbrust die ersten Gaben von ihnen. Die Heiden sind nicht alle zur Verdammnis bestimmt. Alle Mütter, die Kinder zur Welt brachten – ihre Neugeborenen waren Heiden. Getaufte Frauen tragen in ihrem Leib einen Heiden, wenn auch das Kind von der Taufe der Mutter umgeben ist.

Die Taufe der Juden ist besonders, mit einem Schnitt: Wir alle waren einmal Heiden. Den Erlösten schmerzt es besonders, wenn der Vater seine Kinder zur Verdammnis bestimmt hätte.

Der Allbarmherzige kann sich ihrer Erbarmen.

Was Euch die Heiden angetan haben: ihr sollt es ihnen zugute halten, dass Gott selbst denen verziehen hat, die ihn getötet haben. Wenn Euch Gott dort auf dem Schlachtfeld den Sieg schenkt, übt Erbarmen im Kampf.«
[»Willehalm« 306.1–309.9]

Doch Wolfram versteckt sich nicht hinter seiner Epenfigur, sondern legt selbst Zeugnis von seiner Meinung ab, indem er nach der großen Schlacht als Wolfram von Eschenbach kommentiert: »Die Zungen vieler Sprachen hatten dort viel Klagenswertes zu beklagen und Zuhause Unglück zu berichten.

Ist es Sünde, wenn man sie wie Vieh erschlägt, die nie von der Taufe gehört haben?

Ich sage euch, es ist große Sünde. Es ist alles Gottes Schöpfung, alle zweiundsiebzig Völker, die ER erhält.«
[»Willehalm« 450.12–20]

Wolfram erhebt damit inmitten der Christenwelt der Kreuzzugszeit seine Stimme für die Heiden. Damit hat der Ritter Wolfram dem Dichter Wolfram etwas gegeben, was ihn vor allen anderen auszeichnet: Mut.

Am Ende lässt Wolfram den Markgrafen Willehalm den König Matribleiz und die gefallenen Heidenkönige ehrenvoll behandeln und trauert mit seiner Frau Gyburg um die Toten. Es ist eine versöhnende Geste der Liebe, die ihn so handeln lässt. Es ist diese Kraft der Liebe, die über den Tod hinaus reicht.

Der »Willehalm« Wolfram von Eschenbachs ist ein Dokument großer Menschlichkeit und ein Aufruf für ein Leben im friedlichen Miteinander.

Gral und Gralsgesellschaft

Das alles überstrahlende Motiv in Wolframs »Parzival« ist der Gral. Doch warum wurde dieses Motiv zur Zeit Wolframs und auch danach so begierig und begeistert aufgenommen? Weil sich hier den Gläubigen ein Gottbegegnen ohne Kirche bot.

Dazu auch hier der geschichtliche Zusammenhang. In der Zeit, als Wolframs »Parzival« erstmals publiziert wurde, herrschte in Rom Papst Innozenz III. (Amtszeit 1198–1216), der sich vor allem dadurch auszeichnete, dass er nach der Weltherrschaft strebte. Gegen die zunehmende Verweltlichung der Kirche setzten mehrere Gegenbewegungen ein, die aus dem Widerspruch zwischen Kirchenlehre und Realität entsprangen. Es entstand eine starke Laienbewegung, die inspiriert von den urchristlichen Idealen, eine Gottbeziehung ohne Vermittler wie Kirche und Priestertum wollte und nach einem unmittelbaren Weg zu Gott und seinen Lehren suchte.

Ebenfalls zu dieser Zeit entstanden für die Kirche gefährliche religiöse Sekten, wie die Katharer und die Waldenser. Diese schufen neue Riten und stellten die Dogmen der Amtskirche in Frage und sagten sich schließlich von ihr los.

Dazu kam, dass der Feudaladel durch eigenes Erleben das Dogma vom gefährlichen Heiden und der Notwendigkeit seiner Vernichtung nicht mehr akzeptierte.

In eine solche Zeit also stellte Wolfram von Eschenbach sein Gralsepos, in dem kein einziger Priester auftritt und in dem der sündige Parzival vom Einsiedler Trevizent die Absolution erhält, obwohl dieser nie zum Priester geweiht worden war.

Und es war auch kein Mann der Kirche, der auserkoren war, das heiligste Gefäß der Christenheit zu finden und Gralskönig zu werden, sondern ein Ritter. Ein Ritter, der Schuld auf sich geladen hatte, der der Minne frönte und Weib und Kinder besaß und es auch noch wagt, als auserwählten Begleiter seinen heidnischen Ritterbruder Feirefiz auf die Gralsburg mitzunehmen.

Mit der Schaffung der Gralsritter unterscheidet sich Wolframs Werk von den Ritterepen seiner Zeit. Im Gegensatz zur üblichen Dichtung im Sagenkreis der Artusritter, begnügt sich Wolfram nicht mit der Aventüre, dem Bestehen von Abenteuern und dem Totschlagen von Feinden.

Der zeitübliche Handlungsverlauf von Ritterepen führte den Helden über Prüfungen und Kämpfe schließlich an den Hof von König Artus, wo er dann als neuer Ritter der Tafelrunde Platz nehmen durfte. Ein Artusritter zu sein war das höchste Ziel.

Doch dort, wo die Epen seiner Zeit gemeinhin enden, beginnt Wolframs große Vision. Die Suche nach dem Gral ist bei ihm mehr als die Suche nach einer Reliquie. Sie ist die Grundlage einer neuen Ritterschaft, die weit über Artus hinausweist und die Verantwortung für die Gesellschaft übernimmt. Es ist die Idee eines starken Kaiser- und Königtums, das sich selbst durch die Sicherung von Gerechtigkeit und Frieden rechtfertigt. Parzival gründete den Gralsorden, dessen Mitglieder in die Welt hinausziehen, um Gerechtigkeit herzustellen, für die Schwachen einzutreten und die Freiheit zu verteidigen.

Nun ist nicht mehr Pflicht gegenüber dem Lehnsherren, Abenteuerlust oder der Minnedienst für eine Dame Motivation für die Ritter, sondern eine gesellschaftliche Aufgabe, die sie direkt von Gott, ohne Vermittlung der Kirche, durch den Gral erhalten. Bemerkenswert ist dabei, dass auch die weiblichen Mitglieder der Gralsgemeinschaft eine Rolle spielen, indem sie z. B. als Ehefrauen weltlicher Herrscher dafür sorgen, dass der Einfluss des Gralsordens wächst und ihm aus diesen Verbindungen ritterlicher Nachwuchs zukommt.

Dabei sind nicht Askese und Weltverneinung die Grundlage der Gottesbeziehung, sondern ein sinnvolles, konstruktives, gesellschaftsbezogenes Wirken.

Wolfram gibt mit seinem Gralsorden eine Antwort auf die Frage nach der Funktion des Adels in der Gesellschaft. Seine Elite sind die Ritter von Abendland und Morgenland, die sich auf der Grundlage gleicher Lebenshaltung, gleicher Kultur und gleicher Ideologie bewegen.

Die Gralsritter bewahren nicht nur die Geheimnisse des Grals, sondern sind auch der Welt verpflichtet. Wann immer ein weltlicher Herrscher ein zerrüttetes Reich hinterlässt, werden die Ritter ausgesandt, den Frieden wieder herzustellen. Wann immer Unrecht geschieht, ziehen sie aus, um es zu bekämpfen.

Wolfram ist es gelungen, eine humanistische Utopie zu schaffen, die nicht nur für seine Zeit eine Lösung aus der politischen und religiösen Krise bot. Seine Synthese von Okzident und Orient, sein vehementer Eintritt für Toleranz und gegenseitige Achtung und sein Entwurf einer Verantwortung für die Gesellschaft weisen bis in unsere Zeit.

Bibliografie

Fahrner, Rudolf: *West-östliches Rittertum*, Akademische Druck- und Verlagsanstalt Graz, 1994

Hallam, Elizabeth: *The Plantagenet Chronicles*, Guild Publishing London, 1986

Kress von Kressenstein, Johann Wilhelm I.: *Itinerarium Germaniae, Galliae, Belgij, Angliae et Bohemiae*, 1608, Germ.Nat.Museum Hs 17613 2°

Runciman, Steven: *Geschichte der Kreuzzüge*, London, 1957

Scherm, Gerd: *Wolfram*, Lyrik, mit farbigen Holzschnitten v. Wilhelm Schramm, Freipresse, Bludenz, 1997

Wolfram von Eschenbach: *Parzival*, 2 Bde., Reclam, Stuttgart, 1996

Wolfram von Eschenbach: *Willehalm*, Max Niemeyer Verlag, Tübingen, 1994

Wolfram von Eschenbach: *Willehalm*, Deutscher Klassiker Verlag, Frankfurt a. M., 1991

Wolfram von Eschenbach: *Titurel*, Übersetzung v. Karl Simrock, bearbeitet v. Wolfgang Mohr, Privatdruck, undatiert, vermutlich 1995

Gerd Scherm

1950 in Fürth geboren und aufgewachsen, lebt seit 1996 mit seiner Frau Friederike Gollwitzer in einem alten Fachwerkgehöft in Binzwangen bei Colmberg.

Gerd Scherm ist Schriftsteller und bildender Künstler. Er arbeitete zehn Jahre als Kreativdirektor für Rosenthal und organisierte u. a. die Selber Literaturtage, die Künstlertage auf der Mathildenhöhe in Darmstadt und die Fürther Kunst-Begegnungen.

Sein reiches literarisches Spektrum umfasst Dramen, Romane, Erzählungen, Kurzgeschichten, Satiren, Libretti und Essays. Einer seiner Schwerpunkte liegt in der Lyrik, die meist in künstlerisch-bibliophilen Editionen erscheint. Zusammenarbeit mit mehreren Komponisten, Texte für Songs, Chansons und Liedzyklen bis zum Libretto für Oper und Oratorium. Gerd Scherm war u. a. Gastdozent an der Freien Universität Berlin, an der Universität St. Gallen und an der Ludwig-Maximilian-Universität München.

Auszeichnungen:

1972 Kulturförderpreis der Stadt Fürth
1974 Stipendium des Auswärtigen Amtes, Aufenthalt in Italien
1977 Rosenthal Grenzland-Lyrik-Preis
1991 Essaypreis der Fürther Freimaurerloge
1995 Wolfram-von-Eschenbach-Förderpreis des Bezirks Mittelfranken

1995	Stipendium des Auswärtigen Amtes, Aufenthalt in Schottland
1998	Matthias-Claudius-Medaille, Berlin
2001	Paulskirchen-Medaille
2004	Autoren Award für den Roman »Der Nomadengott« auf der Leipziger Buchmesse
2006	Literaturpreis der Bayerischen Akademie der Schönen Künste
2007	Turmschreiber auf Burg Abenberg
2010	Förderung des Dramas »Alexander der letzte Markgraf« durch das Bayerische Staatsministerium für Wissenschaft, Forschung und Kunst mit 20.000 Euro
2013	»Künstler des Monats« Juni der Metropolregion Nürnberg
2017	Dr.-Bernhard-Beyer-Medaille für »hervorragende Verdienste um freimaurerische Forschung und Wissenschaft«
2018	Deutscher Phantastik Preis